中国传统设计系列丛书

中国传统设计文化的现代性转向

董雅　陈高明　著

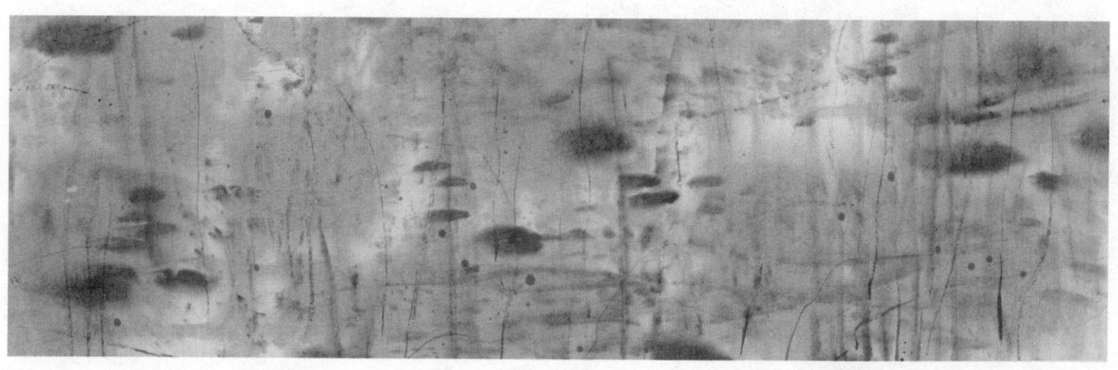

天津大学出版社
TIANJIN UNIVERSITY PRESS

图书在版编目（CIP）数据

中国传统设计文化的现代性转向 / 董雅，陈高明著．
—天津 ：天津大学出版社，2019.11 （2025.1 重印）
（中国传统设计系列丛书）
ISBN 978-7-5618-6531-6

Ⅰ．①中… Ⅱ．①董… ②陈… Ⅲ．①中华文化—应用—艺术—设计—研究 Ⅳ．①K203 ②J06

中国版本图书馆 CIP 数据核字（2019）第 275542 号

出版发行 天津大学出版社
地　　址 天津市卫津路 92 号天津大学内（邮编：300072）
电　　话 发行部 022-27403647
网　　址 www.tiupress.com.cn
印　　刷 永清县晔盛亚胶印有限公司
经　　销 全国各地新华书店
开　　本 185mm×260mm
印　　张 9.25
字　　数 256 千
版　　次 2019 年 11 月第 1 版
印　　次 2025 年 1 月第 2 次
定　　价 98.00 元

目 录

总 论

彰往察来 温故知新

——兼论中国传统设计文化的继承与发展

从 19 世纪下半叶开始至五四运动以来，中国遭遇了“三千年未有之大变局”。这场来自社会和文化领域的变局，给中国的文化传统和文化体系带来了重大的影响。尤其是近几十年来，在强大的国际化浪潮的冲击下，我们的传统文化已被荡涤得面目全非。另一方面，全球化席卷下的传统文化消隐，也直接导致了当代设计的日渐趋同与特色匮乏。然而，在国际化、全球化时代，一个国家的设计要想屹立于世界民族之林，并占有一席之地，除具有独创性之外，还必须具有本土文化特色。诚如鲁迅先生所说，越是民族的，才越是世界的。如果忽视传统文化的价值，不注重民族特色的传承，而是亦步亦趋地跟随、模仿他国，拾人牙慧，设计就丧失了根脉，成了无源之水，不仅难以形成地域特色，更不可能产生文化认同。因此，在当代设计中，重新认识传统，积极发掘传统文化所蕴含的设计价值，并进一步促使其向现代性转向，已成为今日设计师必须担当的责任和使命。

然而，对于传统的继承与发展而言，中国传统设计文化历史悠远、深邃复杂，面对林林总总、繁复多样的传统形式，我们该传承什么，又该如何传承，或许应该成为当代设计在发扬传统这个命题上探讨的焦点。

一、正本清源——正确认识继承传统设计文化的含义

国际化思潮是 20 世纪以来人类最大的文化特征。这场运动影响到世界各地具有浓厚传统文化积淀的国家，并使这些国家或多或少、或快或慢地从传统文化的藩篱中走出来，逐渐背离了世代承袭的基本文化取向和传统价值体系，致使传统文化的认同感与归属感走向衰微乃至崩溃。中国作为一个有着数千年历史的国家，在国际化思潮中也未能幸免。我们的地域文脉、民族特色已被国际化思潮荡涤得所剩无几。面对这一窘境，什么才是中国未来设计的安身立命之本？是有着归属感、认同感的本土风格，还是千篇一律、毫无个性的国际化风格？这是当代设计师必须面对且不可回避的一个现实问题。

传统设计作为传统文化的一种物化形式，既是对一个民族生活方式与思维方式发生、演化的历史过程的记录，同时也是该民族审美认知和设计文化的集中体现。在当代设计中，受国际化思潮的长期熏染以及缺少对传统设计文化的了解，导致了人们对继承传统的误解。在很多人的思想中，一提及传统设计文化的继承，往往认为就是中国红、大屋顶、青花瓷、山水画等这些古典语汇在现代设计中

的呈现。其实，这是对继承传统的肤浅认知。“挂羊头卖狗肉”式的设计并不是对传统设计文化的继承和发扬，而是一种无所用心、不负责任的复古表现，不但不会促进传统设计的现代性转向，反而会成为一种阻碍，使继承传统陷入一种画虎不成反类犬的尴尬境地。所以，对传统设计文化的传承与发扬首先要深刻认识传统设计所蕴含的时代价值，并深入发掘它的文化内涵，然后从传统设计文化价值的再发现中汲取灵感和智慧，将其从现代文明的架构中再生出来，探索在现代技术条件下的善古融新。这才是对传统的继承，也是打造一种既具民族性、地域性，又具时代性的设计风格的先决条件。只有这样的设计在国际化语境下才会形成民族认同感和地域归属感。

二、突破藩篱——传统设计文化的现代性转向

哈佛大学教授塞缪尔·亨廷顿在《文明的冲突》中说：“当一个国家的现代化程度发展到一定阶段的时候，必然要召唤自己的传统文化和民族精神。”近年来设计界兴起的这股回首历史、从传统文化中建构未来的设计思潮，即是对传统文化复兴的呼唤。一方面，我国当前的经济、社会已发展到一定高度，需要通过设计这种形式来建立地域认同感和培育民族自豪感；另一方面，受国际化思潮的影响，当代设计远离本土文化和民族传统，导致设计形态苍白、单一，这也引起了很多学者和设计师的反思。从设计的发展来看，任何国家或地区都不能脱离传统文化的根基。丢掉传统的设计必然成为无本之木、无源之水。传统设计中蕴含的文化因子是本土文化观念的承载，是现代设计的母体和动力之源。融合传统文化和民族风格是未来设计发展的大势所趋。所以，继承和发扬传统是今后设计的必然趋势。

然而，传统设计是具体的、历史的，有适于它存在和发展的土壤与环境。随着社会变迁、时光流转，今天与古代无论是在社会制度、经济形态抑或文化背景方面早已不同，传统设计已经失去了它赖以生存的环境，如果不顾时代发展的客观现实而盲目地借用传统，把活生生的传统符号生硬地塞进现代主义的框架体系之中，其结果必然导致有机的传统变得不伦不类，这就犹如伐根移木，恐怕只能是淮橘成枳，失去了原味。吴良镛先生曾说：“每一代人都必须从当代角度重新阐述旧的观念。”这就强调当代设计必须要体现时代的特征，不能走复古主义道路。但传统设计文化的传承与发展之路并不是一帆风顺的，它要受到诸多方面的阻碍，这些障碍既有来自观念上的，也有来自思想上的。

在观念方面，首先崇古与魅古就是阻碍传统设计文化向现代性转向的最大消极因素之一。崇古是对传统的保守与尊崇，它体现了一个民族对传统文化的敬畏，认为传统的东西是完美无缺的，是不需要改变的，正所谓“祖宗之法不可变”。这种观念是一种典型的保守主义。而历史也证明了没有突破就没有发展，从中国许多遗失的技艺和设计来看，失传的主要因素就在于缺少突破，它们因不能适应时代的发展而被社会淘汰了。而魅古则是将传统设计或传统文化神圣化、神秘化。这种做法是不顾时代的变化把古典时代的规则、方法奉为圭臬，生硬地套用于新时代，以致古代的章法成为某些人攫取利润或赚人眼球的噱头，（“风水”文化就是如此。“风水”作为一种堪舆学，其实是中国古代农业社会的环境生态学、环境物理学以及宜居哲学的综合文化。它的核心思想是人、物与环境在生理、心理上的“和谐、共生、共美、共赢”以及追求生活上的便利等。这一思想不仅在《黄帝宅经》等一些堪舆著述中提到，在《诗经》《管子》以及《吴越春秋》等书籍中也被多次论及。）然而，在“堪舆”文化的继承上，有些人将它神秘化、魅惑化，以农业社会约定成俗的居住或建设原则来规范工业社会的生活形式，显然是不合适的。这不是对传统文化的继承，而是戕害。

其次，传统设计文化的现代性转向是来自思想上的障碍。自清末以后，人们长期受“中学为体、西学为用”思想的影响，在设计风格上曾一度出现过“混搭式”和“折中式”等设计形式。这种思想最典型的特征就是在完全现代的形式之上叠加一个传统的符号，如服装方面有礼帽配长衫、皮鞋、文明杖；建筑上有在钢筋混凝土结构上加盖一个大屋顶或门楼等。这种“后现代式”的拼贴结合在视觉上给人一种不伦不类之感。事实上，“中体西用”并不是继承中国传统设计文化的最好理论。诚如甘阳所说：“这是中国现代化整个历程中不断会遭遇到的一大障碍，更是中国知识分子在相当长时间内都很难完全摆脱的一个鬼影。”“中体西用”这种将传统符号简单挪用的方式只能使设计流于浮泛，无法真正实现对传统设计文化的传承和发扬。

传统设计文化的传承不是对古典元素的简单套用，而是将传统文化因子置于当代技术、材料、环境以及审美思潮下进行创造性的融合，并在融合的过程中促成民族风格的形成。林毓生先生在《中国传统的创造性转化》一书中指出，中国传统的创造性转化就是“把一些中国文化传统中的符号与价值系统加以改造，使经过创造的转化的符号和价值系统，变成有利于变迁的种子，同时在变迁的过程中，继续保持文化的认同”。也就是说，融合传统文化的设计所强调的是带有经过转化之后的文化符号抑或是价值体系，而非不加解析地对传统形式生搬硬套。因此，当代设计在继承和发扬传统时要勇于突破陈规，尽可能用饱含地域文化与时代气息的处理方式和改造方式，让传统文化及其符号在与当代设计理念、工艺材料的结合中使现代设计展现出传统文化的意境，让前人的精神文化遗存融入现实的物质形态中，使本土文化和民族情感始终贯穿于现代设计之中。

三、善古融新——传统设计文化的重建与再生

著名学者金耀基先生在《从传统到现代》一书中提出：“中国传统文化包括三个层次，分别为制度层次、思想层次和器物技能层次。其中，制度和思想属于文化范畴，器物技能属于设计范畴，从这一点来看中国传统设计文化的继承更多的是器物层次的继承。”

中国传统设计的意蕴深藏于雕塑、绘画、民间工艺和各种器物等组成的庞大的文化体系之中。在发扬传统时我们需要将隐含于这些文化体系中的符号抽取出来，作为传播的“种子”置于现代文化语境中进行根本的改造和彻底的重建。

传统设计文化的重建与再生包括两个层面的内容。一是对“形”的重构，包括造型、色彩、构件以及装饰等，如雕刻、建筑、绘画等语汇。二是对“神”（即意）的重构，包括设计思想、艺术精神和审美情感等，如立意构思、形态组合以及意境营造等方式。在二者的关系上，“神”是“形”的内核，“形”是“神”的物化。“形”“神”之间相恤相生，彼此依存。在对传统设计文化的传承与再生中要注重“形”与“神”的和谐。如果只重“形”而不重“神”，则会有丧失精神之虞；如果只求“神”而不求“形”，就容易使设计陷入虚幻境地。从当代许多能体现中国传统文化意蕴的建筑设计来看，它们莫不是“形”与“神”的统一。如贝聿铭将中国江南民居粉墙黛瓦的建筑意象与山水画意境完美结合而设计的“苏州博物馆”，SOM 建筑设计事务所将中国古代佛塔的建筑符号经解构之后与现代材料、现代技术有机融合而设计的上海“金茂大厦”以及何镜堂借鉴中国传统建筑构件——斗拱文化，并将其打散重构、融创再生之后设计的 2010 年上海世博会中国馆等建筑，都是将中国传统器物符号进行优化之后再与现代设计结合、重建的典范，都以现代技术手段诠释了对传统建筑设计文化的承袭。它们在“古”与“今”，“形”与“神”方面基本都达到了活化民族精神、展现民族特

色的效果，完全没有照搬古典形式的生硬拼凑迹象。

著名国画大师齐白石先生在谈论绘画创作时曾说：“太似则媚俗，不似则欺世。绘画妙在似与不似之间。”对传统设计文化的传承，也应当遵循这一理论，在古典与现代、造型与精神之间寻找一种平衡，既不必拘泥于具体的形式，也不必为了体现传统意蕴，刻意强置某些符号或语汇。而是要把握住两点：一是基于传统，而超越传统；二是质意为上，质形次之，二者兼得，方为妙品。

四、彰往察来——当代设计的未来

近几十年以来，我们的设计无论是在思想上还是风格上一直以西方为宗，总是在亦步亦趋地追随西方设计。这种思想造就了当代设计一幅幅的“国际化面孔”。这种现象的出现主要是由于民族自信心的缺失。有些人认为国际的就是先进的，沿袭西方的就是追求进步的。美国作家赛珍珠曾说：“中国年轻的一代中，很多人的思想似乎尚未成熟，他们的表现让人惊愕。他们怀疑过去，抛弃传统，丢弃中国古代那些无与伦比的艺术品，去抢购西方粗陋的东西。”导致这种“抛却自家无尽藏，沿门持钵效贫儿”的文化虚无心态出现，一方面是因为当代很多设计师缺乏传统文化功底和美学素养而导致对传统文化的卑怯，另一方面是他们缺乏集成创新精神。从世界设计的发展与传承来看，中国传统设计文化的传承与再生是最为困难的。因为中国传统设计在几千年的发展中，风格、形式及其语汇相对稳固，没有太大的变化。在传承过程中，如果没有打散重构的勇气和优生融创的精神，发扬传统就会陷入复古主义的窘境。

由于设计形式的精神意义根植于传统文化之中，在探索当代设计的未来发展时，不能无视历史，反而要精研历史，以历史为灵源。只有在历史中建构未来，未来才能更辉煌。所以，在全球化进程中要构建本土特色的设计风格，并获得国际话语地位，只能反求诸己，在吸收国外先进技术、创造全球优秀文化的同时，建立对传统文化的自信心，培育自强精神，加强对传统设计文化精义的体会，将传统设计文化的精髓有机地融合到现代设计理念之中，才能创造出既有传统文化韵味又具时代气息的设计精品。

第一章　中国传统设计文化的传承与再造

第一节　传统设计文化的重建

著名哲学家李泽厚在《美的历程》中说："对使用工具的合规律性的形体感受和在所谓'装饰品'上的自觉加工，两者不但有着漫长的时间距离（数十万年），而且在性质上也是根本不同的。"[1]中国传统设计文化的思想起源于原始的图腾崇拜、神话传说，后经与礼乐制度、阴阳五行等的碰撞、融合后，形成了古代早期的设计文化体系，因此中国古代的设计思想体现出了浓厚且独特的中国传统特色。

一、传统设计形成的文化基础

传统设计文化的产生经历了由自发到自觉的漫长过程，而最初的萌芽可以追溯到原始社会的第一件石器的诞生。原始人类为了生存而对材料及其形态进行有目的的选择，从北京人使用的无固定形态的石器（图 1-1，北京人使用的打制石器）到山顶洞人使用的均匀、规整、明显有人工加工的痕迹并且带有很多装饰意味的石器（图 1-2，山顶洞人的骨针与装饰品），可以看出人类造物的发展是符合由简单实用到合理美观这一规律的。

传统设计文化的形成得益于人类在对自然漫长的了解与探索中逐渐形成的原始意识形态，包括原始的宗教、审美、艺术等。春秋战国时期，"百家争鸣"的盛况使得这一时期的思想家开始对原始意识形态进行有意识的梳理总结，他们以各自不同的人生观、价值观塑造了中国最初的思想范式，建立了中国独有的文化体系。

老子认为人类最理想的状态是"人法地，地法天，天法道，道法自然"的模式，他以"无为而无不为"的哲学观念引出"虚实相生，形残神全"的造物观念。而孔子的造物观是为了"明道"，以"饰"体

1　李泽厚：《美的历程》，北京：文物出版社，1981，第 8 页。

图 1-1　北京人使用的打制石器

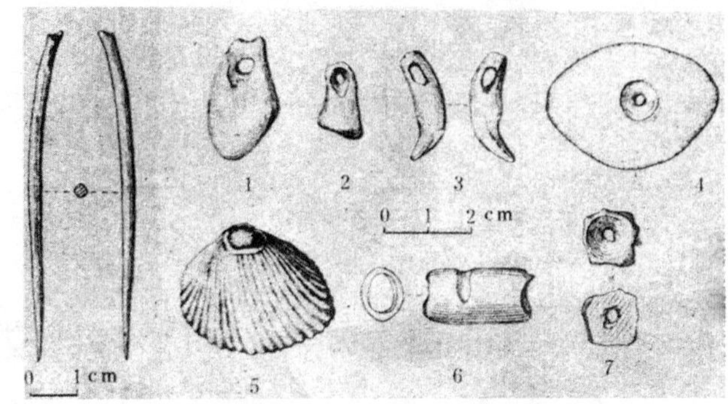

图 1-2　山顶洞人的骨针与装饰品

道，通过“饰”来进行道德教化，区分伦理秩序等，提出了设计对社会的教化作用。同时，墨家则以“兼爱、非攻、尚贤、尚同、天志、明鬼、非命、非乐、节用、节葬”主张以实用为目的的造物观，反对儒家所推崇的礼乐方面的等级束缚、繁文缛节，追求“器完而不饰”。在法家的思想中，也可以发现“万物皆为我所用”的独特的造物观念，如“饰”并非设计之必需，但是“饰”也有其作用，若二者之间相得益彰，则可采用，否则可以去之。

在这种思想自由的大环境下形成的中国最初的文化体系表现出了极大的包容性，这为以后佛教在中国的盛行以及少数民族文化的融入提供了肥沃的土壤。

二、传统设计文化框架的构建

自秦汉起，中原与周边民族的文化开始进行更深入的交流，尤其是两汉时期佛教的传入，使得中国最初的文化体系的内容更加丰富并日趋成熟，形成了多元一体的文化结构。

秦汉时期多元一体的文化结构的形成与当时“大一统”的政治格局息息相关。秦皇扫六合，百官上奏:“今陛下兴义兵，诛残贼，平定天下，海内为郡县，法令由一统，自古以来未尝有，五帝所不及。”[1]后西汉经文景之治达到全盛时期，董仲舒言：“《春秋》大一统者，天地之常经，古今之通谊也。今师异道，人异论，百家殊方，指意不同，是以上亡以持一统；法制数变，下不知所守。臣愚以为诸不在六艺之科孔子之术者，皆绝其道，勿使并进。邪辟之说灭息，然后统纪可一而法度可明，民知所从矣。”[2]大一统思想的形成使得在秦汉统治的疆域内，无论建筑、车舆、服饰还是生活器皿、生产工具都呈现出基本相同的形制。

在汉代统治地域的周边，各少数民族虽受汉地文化的影响，却依然基本保持着各自的风俗习惯，这也为汉地文化注入了新鲜的血液。汉代流行的四神纹镜（图 1-3，四神博局纹铜镜）、星云纹镜等在周边少数民族地区都有出土，而少数民族极富民族特色的装饰对汉族的装饰也产生了影响。另一方面，汉武帝遣张骞出使西域，开通丝绸之路。通过这一途径，中亚和西亚各国的使节定期来中国朝贡。这一过程促使汉地文化与西北草原文化、古印度文化、古希腊文化产生交集，并对外来文

1　司马迁:《史记 · 秦始皇本纪》，北京: 中华书局， 2014，第 236 页。
2　班固:《汉书 · 董仲舒传》，北京: 中华书局， 2013，第 2523 页。

化进行吸收与融合，以丰富及完善本土文化。因此，可以认为中华文化的形成是超越了汉王朝本身的，呈现出极具开放性的特点。

秦汉以后，及至隋唐，战乱频繁，各民族相继进入中原地区建立政权，外来文化大规模涌入中原，冲击汉地文化。少数民族文化的冲击并未使汉地文化支离破碎，而是在中原文化表现出的极大包容中出现了相互融合的现象。佛教在这一时期广泛流行，很快遍及中华各地；因社会动乱而引发的人们对人生和人存在意义的探讨导致道家玄学的兴起；儒学作为官方的正统思想在士大夫阶层被广泛推崇；少数民族政权的更替导致少数民族的多元文化在汉地文化的影响下重组并融于汉地文化，突出表现为胡人汉化和汉人胡化的双向特征。在多元文化的交互与重组之后，中国的传统文化得到了空前的发展。

图 1-3 四神博局纹铜镜（西汉）（圆形，圆钮，变形四叶纹钮座外双弦纹围成方形界格，界格外博局纹和八乳将镜背划分为四方八区。其间饰以四神纹及禽鸟、瑞兽纹，纹饰分别为青龙配禽鸟，白虎配兽，朱雀配鹿，鹿尾后有一小鸟，玄武配羽人，羽人后饰有一小鸟，外区饰有一周铭文“尚方作镜真大好，上有仙人不知老，渴饮玉泉饥食枣，浮游天下敖四海，寿如金石为国保，宜侯王而兮”）

三、传统设计文化的成熟

隋唐时期的设计文化继承并完善了多元一体的结构，在经历了多民族政权频繁更替之后，重新的统一使中国成为真正意义上的多民族国家，诚如葛兆光在《中国思想史》中所说：“那种种族、地域、门阀等清晰的社会秩序已经解体，礼法之学渐渐崩溃。汉族生活中的勤勉朴素、温文尔雅、知礼守节等由儒家确立的人伦标准，被异族生活所崇尚的豪放不羁、侈靡腐化、自然随意所代替。”[1]

唐承隋制，隋唐时期的文化以前所未有的开放姿态更加主动地接纳、吸取外来文化，并形成了中原地区各民族之间的内部文化交流和唐文化与域外文化之间的外部交流共同进行的双重格局。唐代长安城的城市规划（图 1-4，唐长安城复原平面图）就是多元一体设计文化的集大成者。唐长安城是在前朝大兴城的基础上设计建造的，遵循礼制的整体布局中包含了来自波斯、拜占庭、天竺、阿拉伯等地传播来的建筑样式，并且形成了佛教、伊斯兰教等外来宗教建筑与本土的道教、儒学建筑共处一城、竞相争辉的奇特景象，这在当时的世界上是绝无仅有的。从另一个角度看，日本的京都和奈良在城市的规划与布局上都模仿了长安城的建制，甚至在道路名称上都有惊人的相似之处，这一现象表明了中国传统设计文化不仅仅是吸收外来的精华，同时也将自身的文化传播到国外，影响深远。

1 葛兆光：《中国思想史》，第二卷，上海：复旦大学出版社，2013，第 29 页。

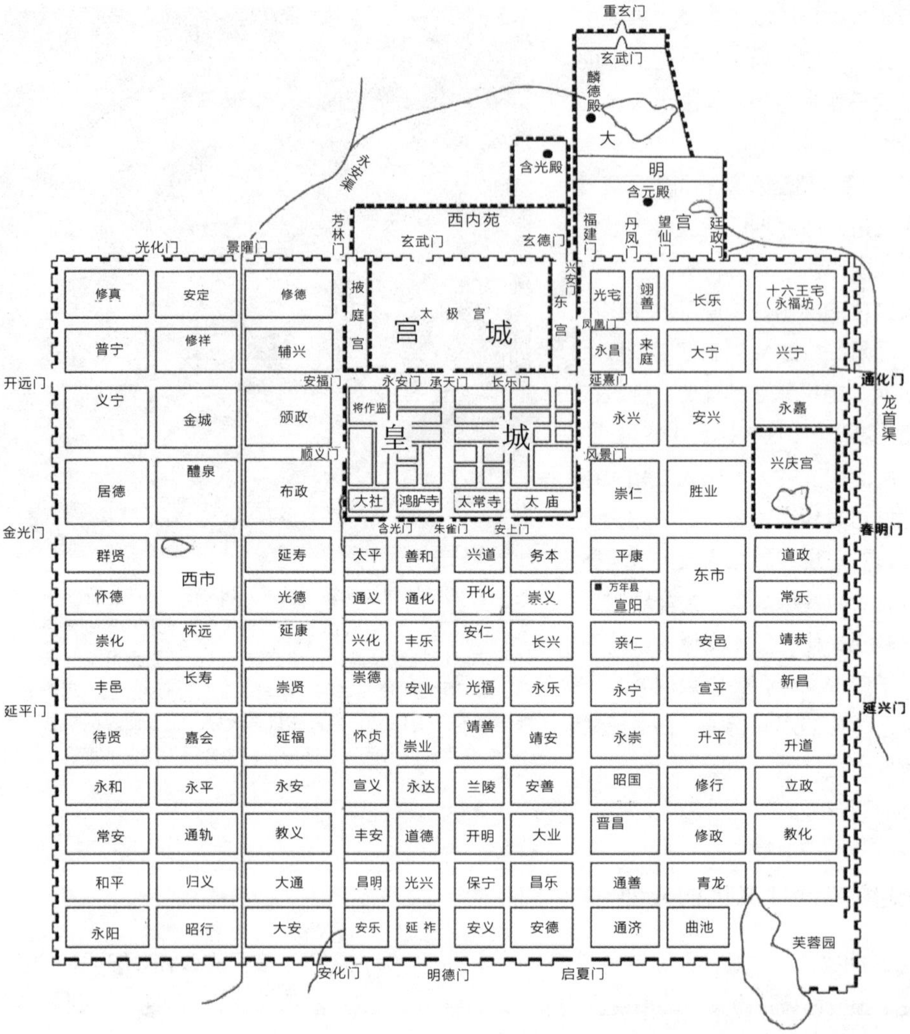

图 1-4 唐长安城复原平面图

隋唐多元一体文化结构的成熟、完善不仅在建筑上有所体现，更涉及人们生活的各方各面，比如服饰、生活器皿、生产工具等。青釉凤首龙柄壶（图 1-5，唐朝青釉凤首龙柄壶）是其中佳作，它将从波斯传播来的金银器造型与中国特有的龙凤造型十分巧妙地结合在一起，以凤首为壶冠，以长龙为壶柄，壶身修长，壶口微撇，造型精巧，形态灵动。壶身装饰典型的唐瓷纹样，壶腹六组珠联纹的空隙处安排有星月飞鸟等极具异域色彩的图样，足部的莲花瓣、卷草纹也颇为突出。

图 1-5 唐朝青釉凤首龙柄壶

由此可见，唐代的设计不仅表现出对多种文化的兼容并蓄，更是发展出了将形式与功能结合，并兼顾实用性与造型美感的设计理念。中国古代传统设计文化的框架在这一时期基本形成。

四、传统设计文化在现代语境下的重建

中国古代多元一体的文化结构一直延续并发展到清代，而后列强入侵直接导致了中西文化的正面冲突，不同的价值观与世界观导致两种完整的文化体系开始了一场史无前例的博弈。中国传统的设计文化在这场博弈中不仅承受着西方文化的压制，更要面对国内此起彼伏的政治变革所带来的破坏，而中国多元一体的文化结构所带来的旺盛生命力使得中国的设计文化破而后立，走上了现代的多元一体的设计文化构建之路。

16 世纪中后期，西方的商人、传教士带着西方的科技、文化和艺术来到中国，同时西方各国的经济扩张和文化征服行为迫使中国本土的设计文化被动地接受着西方文明的影响。西方舶来的商品设计精美、价格低廉，对于当时长期处于传统艺术环境的中国而言，大量的西方工艺品以及介绍西方文化、艺术、工艺的书籍更是使人耳目一新。这些外来事物给中国传统的文化结构和社会结构带来极大的冲击，消解着中国的传统文化。除此之外，随着西方文明的侵入，西方的生活习惯和经济制度也对中国民众的生活产生着潜移默化的影响。传统手工业逐渐没落，以家庭为单位的社会结构逐渐发生着改变。外来宗教的传播以及外国商品的倾销更是从根本上改变了中国民众传统的生活方式。在面临着日渐沦为半殖民地半封建社会的境况下，中国政府不得已转变态度，改变闭关锁国的政策，"师夷长技以制夷"，设立工艺总局并选派人员到欧美和日本留学，主动向西方学习。中国对于西方现代艺术的接受逐渐开始由被动向主动转变，"洋务运动""实业兴国""新式学堂"等一系列新政，使中国与外界有了更多的交流和融合，为现代中国设计文化的形成和发展奠定了基础。

时至 20 世纪，中国新一代的设计者们通过留学和上新式学堂等方式，学习和接受了西方的设计与文化，开始寻找一条将西方的设计文化运用于中国，并将之与中国传统设计文化相结合的道路。西方的设计文化在经历由传统到现代转变的同时几乎同步地影响着遥远的中国，使中国当时的设计艺术表现出"中西混合"的特点。最典型的表现是在建筑设计上，一些大型的建筑比如银行，采用了西方设计风格运动带来的以特定形式表现特定内涵的手法，在重视造型艺术的审美功能的同时兼顾其社会意义；而政府机关的建筑大多选择了传统形式，继承了传统设计文化元素；民用建筑则同时接受了西方与中国传统的建筑装饰特点，从审美趣味出发，出现了一批"洋店面""洋戏院"。这一时期的设计师开始对新内容和旧形式的结合与中国传统和西方现代的结合进行探索，使"西体中用"成为创作主题。

20 世纪 30 年代以后，现代的中国设计文化体系初见雏形，一系列的展览活动展现了中国现代设计的活力。但关乎民族存亡的抗日战争爆发，迫使包括设计在内的一切文化艺术活动都服从于革命的需要，中国的设计开始表现出"政治化""民族化""大众化"倾向，并在战后很长一段时期成为中国现代设计的主流。中华人民共和国成立之初，中国的设计师们将中国的传统工艺与现代设计的手法及观念结合，创作出一批堪称经典的作品，如人民大会堂（图 1-6）、民族文化宫（图 1-7）等一系列建筑作品都极好地展现出设计师们在探索用现代设计的形式表现传统艺术的过程中所取得的成就。改革开放之后，思想的全面开放和经济的高速发展为中国的现代设计注入了新的活力，工业设计、环境艺术、公共艺术等新的艺术形式兴起，使中国现代设计进入了新时代，不再局限于"美术"的一个分支，而是更多地与其他学科相互借鉴渗透，开启了独立发展的新篇章。尤其是受世界经济大环境

的影响，中国的商业设计水平得到快速发展，同时一批接受了西方教育的设计师们带回了西方的设计理论和设计思想，“现代主义”“后现代主义”“国际主义”等流派几乎在同一时间出现在中国，使中国迅速融入国际舞台。但是这种高速的发展也带来了很多弊端，过快的发展大大限制了设计师对传

图 1-6 人民大会堂

图 1-7 民族文化宫

统和现代关系的理解。很多设计流于对表象的模仿，出现了“崇洋”和“媚俗”的倾向。

第二节 传统设计文化的含义

一、和而不同，兼容并蓄——中国传统设计文化的内涵

中国传统设计文化之所以在现代依然能够被有序传承，得益于其核心文化的一脉相承。“和”文化作为中国传统文化重要的核心思想，面对多民族、多层次的复杂文化构成，表现出极强的包容性，对外来文化的学习与吸纳更是让中国的传统文化表现出了世界性。

西周末年的史官史伯提出了“夫和实生物，同则不继。以他平他谓之和，故能丰长而物归之。若以同裨同，尽乃弃矣”“声一无听，物一无文，味一无果”[1]。孔子更是明确提出了“和而不同”的美学观念。

“‘和’与‘同’是不同的概念，‘和’是诸多异质因素的多元和合，即多样性统一；而‘同’则是一元的、同质事物的叠加、简单的同一，不可能产生新质的事物。”[2]在多元文化共存的现代中国，如何才能做到“和而不同”成为传统设计文化在现代传承并构建现代中国设计文化的重点。

每一种文化的存在都有其价值，不同文化之间的相互交流与理解是多元文化和谐共处的基础。在不同文化中发掘相似或相近的因素，以现代语汇加以阐释，在各文化间达成共识，是多元文化互相接近、互补与融合的重要途径。纵观中国文化的发展历程，在以汉文化为主体的传统文化融合多民族文化、吸收域外文化的过程中，虽有摩擦和冲突，但最终的走向是互相学习、取长补短。各文化间和平共处，繁荣共生，共同构建了多元一体的传统文化形式。

多元文化共存并交融的同时，也为单一的设计文化打开了思路。比如中国历史上服饰的变革，古代胡服骑射的改革、近代被称为 Chinese dress 的旗袍的出现，无不是多元文化给中国传统服饰带来的变化，最有参考价值的是中山装（图1-8）。中山装对于中国设计具有多重的意义，一方面，它是中西服饰制作技术的融合，是中西审美观念的统一，既使用了注重人体比例、展现人体自身美感的西方裁剪技术，又使用了中国传统的服饰制作工艺，兼顾了造型美感和舒适性；另一方面，它融合了中国传统文化和西方民主思想，表现出内敛中庸、平和庄重的民族气派，同时又借鉴了西式服装经济、合体的设计模式，改变了陈旧保守的长袍马褂和带有强烈西方现代特点的西式服装充斥中国服饰设计的窘境。

图1-8 中山装

在多元文化和平共存的基础上，各文化间还需要尊重差异，拓优展长。在不同经济、科技实力支持下表现出强势或者弱势的文化都有其或底蕴深厚、或新颖独到的独特魅力，如果不以差异为前提，一味追求同质的一体化，民族文化的独立性及特质性都将逐渐消失，以致民族传统文化有失去活力、沦为异质文化“殖民地”的危险。

1 左丘明:《国语 · 郑语》，转引自文艺美学丛书编辑委员会《美学向导》，北京：北京大学出版社，1982，第 78 页。

2 陈依元:《中华和合文化与新发展观》，载《社会科学研究》，1998 年第 5 期，第 89-92 页。

文化之间产生的差异主要源于各文化形成的地理背景及以人们生活方式、风俗习惯、思维逻辑以及情感的表达方式的不同。对中西传统设计的观念进行比较，不难发现，中国的传统设计带有强烈的意象性，虽有着大量可视的形象，并随着时代的发展不断更新，但这种变化有着一脉相承的文化精神和审美意识；而西方的传统设计源于古希腊的古典艺术，它把传统凝固到一个可视的具体形象上，在一次次反传统的思潮影响下，对形象美学（figurative aesthetics）进行一次次地变革发展，并将其推向极致。

西方艺术在发展的过程中，大量吸纳中国的传统元素，并将之运用到服装、建筑、装饰等行业，这种表层的应用给西方设计带来新的价值，使西方设计在世界范围内更具有竞争力。而中国传统文化对其他文化形式的吸取是更深层次的、非表象的，呈现出一种对异质文化的理论和思想的包容态势。自汉代以来，儒家学说成为官方正统，儒家学说的“中和”思想使之对社会宗教较少地有排他性。佛教、摩尼教、基督教、伊斯兰教等外来宗教在中国陆续出现，其中佛教在中国发展后更成为与本土的道教和儒家并重的“三教”之一。佛教在汉代传入中国后迅速与中国的礼制祀祭传统相结合，在东汉末年就已风行。中国禅宗佛寺的布局基本采用了中国传统建筑的布局方式，主要建筑都位于南北向中轴线上，次要建筑分布于轴线的东西两侧，这一格局不仅表现出强烈的礼制秩序，也与禅宗主张的“心印成佛”相吻合。同时，印度的窣堵波随佛教传入中国，印度覆钵式的“塔”与中国传统的楼阁结合起来，形成楼阁式的佛塔（图1-9，洛阳白马寺齐云塔）。汉魏时已有了造塔的制度，《魏书·释老志》云:“九宫塔制度，犹依天竺旧状而重构之，从一级至三、五、七、九。”“和而不同”的思想使中国对外来文化的吸收方式表现出强烈的“创新”意识，强调外来文化与本土文化的融合而非单纯的嫁接与模仿。

图 1-9 洛阳白马寺齐云塔（汉明帝敕建佛塔，“岌若岳峙，号曰齐云”）

现代中国如何在“和而不同”思想的指导下对共存的多元文化“兼容并蓄”，是可以在中国的历史中汲取经验的。中国的历史上发生过三次对外来文化的大规模吸收。第一次发生在魏晋南北朝时期，佛教在汉代传入中国以后，就被官方开始有意识地推广，至北魏晚期时，很多人已经不满足于摹写的佛像，许多僧人不远千里去往天竺求取原始的经卷和佛造像，同时，贵族阶层对外来器物的推崇备至使得金银器、玻璃器、水晶器大量流入中国，给中国传统设计提供了新的元素。第二次发生在唐文化与亚欧诸国的外来文化及唐朝本土各民族文化之间融汇的时期，一方面唐代对外开放的政策吸引了很多胡人定居中原，他们带来了西域的饮食、音乐、绘画、服饰、器具；另一方面，汇聚于唐朝的各国使者、商人们也把唐文化带回了各自的国家，唐文化在世界范围内广泛传播。成吉思汗的扩张政策将古代中国第三次吸收外来文化推向高潮，元朝对于商业贸易的重视和伊斯兰文化在这一时期的大量传入，不仅给中国人的饮食、服饰等生活方面带来改变，更主要的是阿拉伯数字和伊斯兰的天文、历法和医学传入中国。中国这三次在不同历史背景下对外来文化的吸收，都在原有的传统模式上有所突破，但其本质都是以汉文化为主干，与其他各民族文化交流互补，从而共同进步繁荣，不断丰富着古代中国多元一体文化的内涵。

现代多元文化的共存是中国传统文化在现代发展的一个契机。在强调传统文化继承与更新的同时，我们更要以宽容、理解和尊重的态度面对不同的文化，取其精华，去其糟粕，大胆借鉴，勇于创新，使自身的传统文化得到最大程度的拓展和延伸。建立现代中国的多元一体的设计文化体系是中国现代设计发展必经的道路，也是中华文化在多样的世界文化体系中拓展自我发展空间的重要过程。

二、包罗万象，以小见大——中国传统设计文化的艺术特征

中华民族是由多民族共同组成的，各民族的文化共同历经了多次的融合和变革，因此中华文化是各族文化的综合，是兼容并蓄的博大文化，在这样的文化背景下，中国独特的意象表现方式诞生了。中国的艺术注重对与自然融为一体的人类精神的“表现”，不依赖于精确再现对象的客观细节。比如我国传统装饰艺术素有“花无正果，热闹为先”（图 1-10，汉绣大花轿局部双凤牡丹纹）的理念，意思是在设计图案时，任何花草枝蔓不必拘泥于其自然形态，不必受其植物生长规律所限，可根据装饰的需要自由安排。中国传统设计呈现出的“表现性”与“写意性”主要体现在诠释其文化内涵的艺术形式上。人们往往不是以写实的形式直接再现对象，而大多采取象征的、寓意的、写意的艺术手法婉转幽默地表述内在的文化取向，因此世间万物之“象”皆可为设计需要服务。

图 1-10 汉绣大花轿局部双凤牡丹纹

（图片来源：北京服装学院特色资源库 2013 年资源包——中外刺绣艺术）

中国的传统装饰艺术可以更直观地体现中国传统设计包罗万象的特点。在中国，益寿延年是上至帝王将相、下至平民百姓的共同愿望，北京西四北大街某四合院门头戗檐上的砖雕（图 1-11，松鹤延年石雕）把松树和仙鹤的形象组合起来，取名为松鹤延年，表达了主人对益寿延年的祈盼。福寿平安石雕（图 1-12）中浮雕的瑞兽、祥云、静瓶组合寓意福寿平安。封侯挂印（图 1-13）表现的是官宦人家对加官晋爵的期盼，印挂枝头

目标明确，猴的形象更彰显主人对封侯升官的期待。马上封侯木雕（图1-14）雕的是猴在马背上，意寓马上封侯，主人急切期盼当官之情可见一斑。而盼望家中常见喜事的有喜上眉梢石雕（图1-15），体现主人怀揣理想抱负的有“马到成功”石雕等。据此看，中国传统建筑装饰浮雕涉及内容广泛，同时几乎没有直接再现所表述对象的案例，它们采取的都是“意象表现”的方式，或借植物喻人，或借动物喻义，或借器物喻事，且所雕植物、动物、器物亦不追求真实再现其客观形态，重要的是它们组合在一个图形中表达出特殊含义。这些装饰的设计体现着一种共性，即从某一方面，以某种指代联想表述着各自不同的追求。

图1-11 松鹤延年石雕（左图为原石雕，鹤已模糊难辨；右图为现代仿古制品，作为参照）

图1-12 福寿平安石雕

图1-13 封侯挂印

图1-14 马上封侯木雕

图 1-15 喜上眉梢石雕

中国自古便有“以大为美”的审美倾向，而以小见大是中国设计艺术的另一个重要特点。“大”指的不是单纯的形态庞大，而是中国人对大自然之美的追求。中国古代园林设计通过对人造“山水”的布置来创造“身处一园之内、俯仰天地之间”的意境，在有限的空间内追求无限的自然之美。如壶园、芥子园，都以小为名，大不过十亩[1]，小则咫尺之间。殿春簃庭院（图 1-16）作为第一处走向世界的中国古典园林，占地尚不足一亩，园中假山绕墙而立，先有缓势蜿蜒，忽而奇峰高耸，墙随峰高，其势连绵，忽而峰峦入碧渊，渊内有“涵碧”泉，寻泉来处而望，忽见峭壁千仞，有石探身而出，峥嵘崔嵬，高远之势立现，方寸间尽显自然山水之百态，又有百花绿树映衬，颇多生趣，桥、路、洞藏于山石林木之间，又添意趣。

中国传统设计文化包罗万象，包含的不仅是自然万物之“象”，还有对各族文化的包容，这也是“大一统”思想的体现。承德避暑山庄的外八庙（图 1-17）是对汉族、满族、蒙古族、回族、藏族等族

图 1-16 殿春簃庭院

1 1 亩≈ 666.67 平方米。

文化融汇的产物，各族前来觐见清帝的人士可以在此游览休憩，进行各自的宗教活动。这里的建筑充分展现了各族深厚的历史和文化。避暑山庄的建造原因之一是清朝皇室有入夏园居的习惯，避暑山庄也是清帝在此消夏时处理政务的大型行宫，正如《养吉斋丛录》记载的那样，“肇建山庄，为避暑所，兼以行猎训武，绥来远藩”[1]。

图 1-17 承德避暑山庄的外八庙

承德避暑山庄长达十千米的宫墙内，中有宫殿区，宫殿之外有湖区、平原区、山麓区，东南多水，西北多山，依中国自然地貌而布，神州盛景尽现于山庄。宫殿区依照紫禁城“前朝后寝”的形制而建，是紫禁城在此处的缩影，位于山庄的南端，布局严谨。湖区荟萃江南水乡特色景观，其中尤以“狮子林”为最，因为乾隆皇帝对苏州狮子林十分钟爱，所以他在避暑山庄中仿造了一座。这座“狮子林”并非是对苏州狮子林的照搬，它仿的是苏州狮子林的意境，追求的是元代画家倪瓒《狮子林图》之神仙境界。山石用的是北方的青石，姿态万千，虽少了几分太湖石的玲珑，却多了几分北地的雄浑。园中曲水既可观赏又可听声，水边纳景堂不设窗棂，身处堂内，万千景色尽收眼底，其园构思之精妙极尽江南园林精巧雅致之能事。平原区的大型赛马场为整个山庄平添了一笔草原民族的生活气息。山麓区不仅林丰木茂，峰奇石异，山岳之中更有众多佛寺、道观点缀，且其形制各异，汉藏佛教的建筑都在此可寻。山庄整体因山就势，布局巧妙，集中华大地之灵秀崇岭于一身，而各景点又因地制宜，自成一格，既有包罗万象之宏大，又有以小见大之精妙，中国传统设计的精髓由此可见一斑。

三、虽由人作，宛若天开——中国传统工艺造物的设计观

中国传统设计文化多元一体结构的形成原因是中华各族文化的交融，但从更深层来看，这一结构形成的动力则源于中国各民族传统工艺的交流与融合。现今，我们对于中国传统工艺研究所面临的最大困境是中国古代技术多已失传，部分尚能从史料的记载中探寻，而更多的只能依据文字、图像或者考古发掘的实物加以推测。但就现阶段对传统工艺的研究来看，“道”与“器”的统一是中国传统工艺发展的核心，也是最高追求。中国古代道器观的形成是古人“天人合一”思想的一个重要方面。

1 ［清］吴振棫：《养吉斋丛录》，卷十八，北京：中华书局，1983，第 218 页。

中国自古有自然“不为尧存，不为桀亡”的观念，认为自然万物的兴衰冥冥中自有规律，非人力所能改变。对于中国古代的造物而言，常用“巧夺天工”一词作为对造物成就的极高评价，“巧”是指人的技术，而“天工”说的是自然造化，中国古代造物所追求的并非是单纯的高超技艺，而是人对于自然规律，或者说是“道”的体悟。

“形而上者谓之道，形而下者谓之器”（《周易·系辞下》），“器以载道”“道由器传”，人在体悟自然的过程中，把所感知的“形”制作成可以用的“器”，同时又以“器”所展现出的“形”传达“道”。“器”与“道”的统一是人内与外的统一，是物质与精神的统一。中国人制器制的不仅是物质上对生活需求的满足，更在制器、用器的同时感悟天道，师法自然。中国古代造物，尤其是在礼制的建立之后，“言礼使人成器，如耒耜之为用也”[1]，如器的造型、命名、规制、装饰等都取决于其社会作用，器在具备了使用价值的同时，更被赋予了社会意义及文化内涵。

鼎是中国古代造物中最具代表意义的器物。夏禹制九鼎以象九州，供九鼎于宗庙之上，作为夏王朝王权一统天下的象征。商代的青铜礼器的发展可以用“鼎盛”一词来形容，河南郑州张寨南街出土的一对商代早期的兽面乳钉纹方鼎，采用多范分铸法，鼎腹上部四面和四隅各饰一组兽面纹，含有四面八方之意；湖南宁乡出土的一件商代后期人面纹方鼎，器壁四方饰人面，鼎中有“大禾”铭文，可能寓意四土四方的青帝、赤帝、白帝、黑帝。周代以后，随着礼仪制度的发展，青铜鼎不仅被作为祭器使用，更用来区分等级身份，形成了用鼎制度，“天子九鼎，诸侯七，大夫五，元士三”，以用鼎数量来表明人的地位的差别[2]。

中国古代造物不仅在哲学层面与自然寻找和谐统一之道，还在实践中实现了人与自然的融和。中华大地地貌丰富繁杂，山林丘陵、江河湖泊、草原戈壁等各种自然生态环境都有中华各族生活其中，而各族人民利用各自生活环境的气候、材料和技术条件，根据生活及文化的不同需求，创造出多种多样、百花齐放的建筑形式。北方的干旱使土木结构成为主流；南方的湿润使木质结构备受青睐；黄土高原的居民创造性地利用当地的地质特征，在黄土高坡的崖面上修筑了冬暖夏凉的窑洞；北方游牧民族逐水而居，创造了便于拆卸迁徙的帐篷；华南地区少数民族多居于山川之中，苗族、侗族、土家族等族的吊脚楼依山而建，次第排开。这些建筑形态各异，种类繁多，却都是遵循着因地制宜、就地取材的原则，兼顾了实用功能和各族的传统审美。

中国传统造物的出发点是古人为生存而对自然的对抗和利用，而在此之后，传统造物成为中国古人传达自然的“器”，人们通过造物的过程以及在这一过程中产生的规则来表达何谓之“道”。师法自然、传承历史是中国设计文化重建的基础，理解和传承“道”与“器”的观念是中国现代及未来设计的重要使命。

第三节 传统设计与设计传统辨析

传统设计是指用受到传统哲学影响的传统方法、工艺等来实现造物的设计实践；而设计传统是由人类发展历史中产生的道德、人伦、风俗、规范、思想、理论等共同构成的，是民族特色文化的组成部分，对现阶段及以后的传统设计的继承与发展有借鉴与指导意义。

1 ［清］朱彬：《礼记训纂卷十·礼器》，北京：中华书局，1996，第 345 页。

2 张晶：《中国古代多元一体的设计文化》，上海：上海文化出版社，2007，第 282 页。

一、传统设计的现代实践

现代化所带来的技术革新是影响现代传统设计发展的一个重要因素。西方的工业革命带来的颠覆性影响导致中国在很长一段时期内抛弃了传统，盲目地追求所谓的“工业化”，大量优秀的工艺无法得到传承，后人只能从史料中略窥一二。是否中国的传统设计就此断绝？答案是否定的。中国传统设计的颇多工艺虽然已经失传，但是中华民族认识世界、理解世界的核心思想却是一脉相承的。在盲目的效仿之后，中国的设计文化开始反思与重建，整体表现出一种“回归”的态势。

这种“回归”并非是对历史的照搬照抄，而是在适应现代化技术的基础上，以中国人独有的人生观及世界观来重新看待设计，将中国传统文化浓缩成一个个文化符号，运用现代的技术创造出有中国独特韵味的设计作品，实现精神层面的“回归”。比如上海的金茂大厦（图1-18，上海金茂大厦外立面；图1-19，上海金茂大厦楼顶局部），看上去就是一座具有现代风格的玻璃建筑，处处散发着工业的气息，但它那一层一层叠高的形态源于中国古塔的变化韵律，整座建筑以凝练的抽象手法传递着中国传统塔的结构与文化。时下一些“遵循传统”的设计，实质上是以牺牲现代技术优越性为代价的，打着“传承文化”的旗号，简单地生搬硬套过去的式样，这不能称为设计，而是抄袭，对于传统设计来说，更不是传承，而是倒退。

图1-18 上海金茂大厦外立面

很多现代的设计师过于理性地看待中国的传统设计，研究的主要是中国古代设计的技术与方法，忽视了中国传统设计中“人”的存在。这里说的“人”并非指生物学意义上的人，而是归属于自然规律的一部分、被称为“人”的这一部分自然。中国的传统设计是这一部分被称为“人”的自然所创造的，因此，传统设计源于自然并成为“人”这一部分自然的延伸。现代设计领域在“人”的现代化发展与现代技术、材料等的发展方面出现了极大的不平衡。尤其是随着工业化社会向后工业化社会的转型，“人”被符号化、标签化的情况已屡见不鲜。传统设计也受此影响，开始出现符号化、标签化的特征，表面上的多元化设计创作无法掩盖设计文化内涵的匮乏，设计作品同质化现象严重。因而现代的设计师需要转变思维，在现代设计语境下将关注点从“做法”回归到“人”，才能真正把中国的传统设计与现代化相结合，重建现代化社会下人与自然的和谐之道。

图 1-19 上海金茂大厦楼顶局部

二、设计传统的现代传承

中华文化自古一脉相承，中国的造物传统从来都不是孤立单一的，总是结合了原始自然的形态、声音、色彩、味道，国家和地域的历史、民俗、地理，以及不同时期的书法、绘画等艺术的多重作用，共同构成了一个融合时间、空间、自然与社会等因素的一体系统。中国传统文化强调时空统一、天人合一、知行合一、情景合一，强调整体至上、人伦道德、中府和谐。中国传统文化具有空间上的统一性和时间上的连续性，具有非宗教性的人文精神，具有泛道德性的理想追求，具有儒道互补、内圣外王的完善性。中国文化在几千年的发展中，巍然独立，存在于世界东方，除了有一定的物质基础（物质生产的原因）之外，还有其一定的思想基础。中国文化长期发展的思想基础可以叫作中国文化的基本精神，这是中国文化的精髓之所在[1]。

以园林设计为例，现代园林的设计主要面对的是大众对于接触自然、亲近自然的诉求，究其本质是人在寻求精神上对自然的归属感，结合现代科学如人体工学、心理学、行为学等，创造符合现代需求的空间形象。满足多层次的精神需求是现代园林设计的根本任务，而实现这一目标的途径从中国古典园林中就可以找到。从使用功能上来说，古典园林在现代很难满足大众对于园林的需求，但是中国古人造园时的设计手法和意境表达方式仍值得被我们借鉴。古代造园的过程也是人们将自然美通过

1　董广杰：《龙的传人与龙的精神：中国传统文化透视》，北京：中国纺织出版社，2001，第 10 页。

人工创造新的空间形象的过程，同时也是人寻求精神归属感的过程，叠石理水，种花植草以象山林，又造亭台楼阁以合山林，透过园景远眺，园中景色似乎也与园外的自然融为一体，人虽立于园中，却已与自然交融。移步易景的造园手法又将造园由空间引向时间，每一处的景色共同构成了游园的时间序列，不同时间、不同地点、不同的形象发引不同的感受，而游园者又处于这种感受的中心，由入园开始，仿佛就已踏入一部历史长卷中，世事兴衰都于一园之中尽赏，“仰观宇宙之大，俯察品类之盛，所以游目骋怀，足以极视听之娱，信可乐也”（王羲之《兰亭集序》）。

中国的设计传统自形成起就一直在不断完善自身，去芜存菁，最突出的表现在对不同文化的吸收与融合上，尤其体现在现代多元文化共存的现象上，这一特质使得中国的设计传统有了被继承和发扬的基础。对于设计传统的继承，不应当是把它用层层高墙“保护”起来，孤芳自赏，这种做法等同是把中国传承千年的文化血脉堵死，使传统文化失去应有的活力。在多元文化共生的现代社会，设计师更应当理性地认知传统文化与外来文化，不仅仅是把设计文化，还要把相关的民俗、政治、艺术等多层文化加以融汇，对设计文化形成的原因及其思想的根源进行探索，坚持自身的民族特色，吸取外来文化来丰富自身，才能更好地把中国的设计传统继承与发扬下去。中国的设计传统的传承方式也不应是对凝固在古代器物上的图样、色彩、形态的简单仿造，而是需要现代的设计者们去发现可见的传统元素背后不可见的文化内涵，不仅要观其形，更要会其意。

第四节 传统文化与现代设计的关系

自改革开放以来，如何在现代设计中运用中国传统文化成为近现代中国设计界一直在探讨的问题。中国传统文化博大精深，探讨传统文化，总不免谈到易学以及儒、释、道文化，这些是构成中国传统文化的主要内容，而不是全部内容。中国文化表现出的极大包容性使各种外来文化与中国本土文化融合，为中华文化增添了许多新的内容。实际上，其中最具代表性的就是释文化，作为东汉末年传入中土的外来文化，其在与儒道文化相互借鉴并结合中国民俗文化后成为中国几千年来文化传承的主要内容之一。

中国的传统文化之所以千年来能够被有序传承，不仅因为其博大精深，更因为其广泛的适用性——个人用之，可修身；国家用之，可兴邦；治军用之，可百战不殆；艺术用之，可别具一格；而设计用之，可巧夺天工。中国的现代设计一度在西方设计理论的冲击下迷失方向，但时下的中国设计已经逐渐清醒，开始探索西方的设计理论与中国传统文化的相通之处，而非如曾经那样全盘地接受。比如现代设计强调的“以人为本”在东西方不同语境下有着不同的含义：西方设计理论中的“以人为本”的哲学思想的源头为古希腊哲学的“人本主义”，强调个人的主体性，用科学的方式来研究人的物理和心理的体验，并抽象出一些具有普适性的原则来完善自身的理论体系；而中国传统哲学思维框架下的“以人为本”则探讨人与自然环境、社会环境之间的关系如何达到和谐统一，从哲学层面解释了“以人为本”的深层意义。二者相较，西方的现代设计在大量实践之后出现瓶颈，开始在东方寻找现代设计的更高层意义；而中国的传统设计在功能上已经很难适用于社会与技术高速变革的现代，国际上先进的技术则成为中国现代设计所要学习与借鉴的。但无论是中国还是西方，在现代设计上所寻求的终极目标是一致的，都是要把具有民族性、地域性、社会性和历史性的传统文化运用到现代设计中。贝聿铭在香山饭店的设计中找到了二者的一个平衡点，既运用中国传统江南水乡的青砖灰瓦，传达了中国传统的文化情怀，又以现代设计的思想营造出适宜于现代人居住的建筑空间，使传统与现代在设计中产生共鸣。

中国现代设计师对中国传统文化进行运用时经常会有无从下手的感觉，这与中国自古以来重视个人修养的设计传统有关。中国传统的设计要求设计者自身具备一定的文化素养，只有这样，设计者才能从传统文化中挖掘出养分，营造中国特有的韵味，故大成者，无不深得中国传统文化之精髓。一个好的有中国韵味的设计不仅需要设计师善用传统的元素，更需要反映中国特有的人文意识，体现中国特有的人文精神。中国的传统设计文化造就了中国辉煌的设计历史，而现代的设计者对传统文化的继承与探索创造的是未来的设计传统。学习和研究中国的传统文化并用之于现代设计，必定是中国的现代设计屹立于世界设计文化之林的根本途径。

第二章　中国传统设计文化的观念

中国古代并未有等同于当代“设计”含义的“设计”一词，更没有独立、系统的“设计观”体系。故探讨古人的设计观，更多是从古代如思想流派的记载中、从“工艺”“技艺”等设计经验中，以当代归纳与总结的方式解读中国不同历史时期的设计观。不同时期的设计观都由特定时代的人们的人生观、世界观、价值观等组成，并在人们进行设计造物时起到约束和指导作用，所以不同历史时期的政治和社会环境与哲学思想往往对设计观有着深刻的影响。本章将以哲学思想和政治背景为主要线索，探索中国历代设计观的脉络。

第一节 先秦时代的设计观

随着时代的进步，周王朝构建的“天子—诸侯—大夫—士”的分封制体系严重制约了生产力的继续发展。各地诸侯国历经长时期的发展已逐步摆脱周天子的制约，僭越之事时有发生，先秦时期逐步陷入“礼崩乐坏”的无序之中。为了使社会重归有序，当时涌现出了儒、道、墨、法等不同的思想流派，百家诸子都提出了自己的哲学思想，同时也提出了各自的政治主张，中华文明进入了思想智慧争相闪耀的黄金时代。这一时期的诸多经典思想都为后世对设计的认知奠定了具有中华文明特色的思想基础。

一、天人之辩——人与客观世界的关系

天人关系是先秦诸子百家哲学思想的主要论题之一，探讨的是人与客观世界的关系，这也正是先秦设计观的主要议题。作为先秦时期诸子百家中对后世影响最为深远的儒道两家，在天人之辩的议

图 2-1 孔子像

题中有着深刻的论述，他们在天人关系的本质认识上十分一致，只是在态度上略有不同。

儒家以孔子（图 2-1，孔子像）为代表。首先，孔子不排斥拟人的神性之“天”，认为有些事物现象是出于“天命”，如《论语·子罕》说：“文不在兹……天之未丧斯文也。”“天”是圣人的造就者，又是地位财富的创造者，如《论语·颜渊》引述：“死生有命，富贵在天。”这样就避免了自己的思想与原始神性思维和传统文化的直接冲突。而随后，孔子更注重“天”向理性的非人格化方向发展，提出“天”是一切现象和自然变化过程之根源，是宇宙的最高本体。因此，儒家也十分注重人与自然生态环境的协调，认为人以及人类社会都是自然生态环境中的有机组成部分，人的活动不能违反自然生态的运动规律。而在此基础上，儒家将自然人格化，赋予山水人格化的美德，这与其“保德”的思想保持一致，如“仁者乐山，智者乐水”等。

道家哲学的出发点是保全生命、避免损害生命。在老子时期，道家则开始探讨宇宙万物变化的法则。在道家看来，事物虽然千变万化，但在各种变化的底层，事物演变的法则并不改变[1]。人如果懂得利用这些法则来安排自己的行动，就可以使事物的演变对自己有利，故其追求“取道”，并衍生出天人关系的观念。老子认为人是卑微的、充满欲望的，而山水自然则是无为的，人应该效法“天”，如《老子》云：“人法地，地法天，天法道，道法自然。”人性应该向自然山水靠拢，而不是将自然人格化。

但不难看出，同源的儒道两家在“对立的互补”中殊途同归，两家都主张天人应当和谐相处。而这种思想在先秦的手工业著作《考工记》中都有所体现，其讲究“天时、地气、材美、工巧”等条件相融合，以达到制造精良工艺品的目标。

二、群己关系——对设计尺度的把握

儒家强调个人价值与社会价值的双重实现，《孟子》就提出“穷则独善其身，达则兼济天下”。但事实上，儒家在群己关系中更注重群体利益，这一点可以从孔子对待艺术的态度中看出。他认为艺术应该归于政教的范畴。《大戴礼记·劝学》中说：“君子不可以不学，见人不可以不饰。不饰无貌，无貌不敬，不敬无礼，无礼不立。”“饰”的出发点和目的都是“礼”的需要。

相较于儒家，从杨朱“不以天下大利易其胫一毛”出发的道家学派自始至终都给予了个人更多的重视。道家并不要求个人有完美的德性和兼济天下的道义，在道家看来个人的生命就已经是弥足珍贵的了。因此其反对对个体进行仁义教导，认为仁义规范只会带来无差别人格，这与天道有悖，人的个性应该是多样化的。

1 冯友兰：《中国哲学简史》，北京：北京大学出版社，2010，第 58 页。

作为“对立的互补”的儒道两家，在群己关系中同样延续了其互补的特征。儒家从群体出发，相较于个性发展，更强调群体认同。而道家强调个性，却忽视了个人具有社会性的一面。两家对后世的设计观都有深远影响，而在以“和”为贵的中国，儒家影响则更为深远。

三、义利之辩——功能与形式的伦理价值

义利之辩一直是中国古代重要的哲学问题，在这方面，儒家从求“仁”求“礼”的角度提出的义利观很具有代表性。儒家注重“义”，宣扬“君子义以为上”的道义原则，并将之视为判定行为的准则。但对“利”，儒家并不持否定态度。孔子提出“因民之利而利之”，肯定了“利”的正当性，但这种“利”始终是在“义”的前提下进行的。与设计相对照，功能对应“利”，而形式则受制于“义”。儒家提出的“仁爱”本身即是有差别的“爱”、有等级的“爱”。而差别、等级往往作用于形式，这样的案例不胜枚举。以建筑为例，古代建筑的样式、颜色、规模等都有严格的等级制度，这即是义利之辩所引申出来的功能与形式的伦理价值。

四、诸子论美——设计美学与艺术的态度

在设计美学方面，诸子都对美学、艺术提出了自己的观点。法家代表人物韩非子将工艺品的生产和农业生产对立起来，反对奢侈华丽的艺术设计。他提出“重本抑末”的主张，农业生产为“本”，工商业则为“末”，工商业主要指代当时的手工艺品生产，这种思想来源于他对当时社会落后生产力现状的反思，所以在一定历史时期内有其合理性。但其将美学与艺术上升至国家存亡的高度，则过于偏激。

与法家观点相近，讲求“兼爱”的墨家（图2-2，墨子像）在生产力落后的春秋战国时代站在“节俭”的立场上，是反对“装饰”的。墨家对美学的态度在《墨子·非乐》中有详细阐述：“子墨子言曰：‘仁之事者，必务求兴天下之利，除天下之害，将以为法乎天下，利人乎即为，不利人乎即止，且夫仁者之为天下度也，非为其目之所美，耳之所乐，口之所甘，身体之所安，以此亏夺民衣食之财，仁者弗为也。’”

由此可以看出墨子不否认美的客观存在，却站在下层劳动人民的立场，从功利主义的角度，对以“乐”为代表的审美和艺术活动持否定态度。

道家的老子对审美和艺术活动也是反对的，提出：“五色令人目盲，五音令人耳聋，五味令人口爽，驰骋畋猎令人心发狂，难得之货令人行妨。是以圣人为腹不为目，故去彼取此。”“服文彩，带利剑，厌饮食，财货有余，是谓盗夸，非道也哉！”

从老子的表述中可以看出，老子将奢侈视为万恶之源，一旦奢侈之举日盛，其他不道德的行为也将相继发生。而道家的另一位代表人物庄子也同样认为审美是歪曲本性的“淫癖”行为[1]，提出：“是故骈于明者，乱五色，淫文章，青黄黼黻之煌煌非乎？而离朱是已！多于聪者，乱五声，淫六律，金石丝竹黄钟大吕之声非乎？”

诸子的观点明显违背了商周以来长期形成的以“和”为美、美善相亲的文化传统，进而影响到

1　刘彤彤：《问渠那得清如许，为有源头活水来——中国古典园林的儒学基因及其影响下的清代皇家园林》，博士学位论文，天津：天津大学建筑学院，1999，第34页。

人们对天人关系的看法。与儒学经典中描写“天地之和”——生态和谐的巨大篇幅形成鲜明对比的是，其他学派尤其是老庄道家对这方面的论述却只有只言片语。对天人关系的片面性认识使得诸子在否定或回避传统的同时，造成了其在美学上的先天不足。这种欠缺极大地影响了诸子学说的生命力，使其影响远不及儒学深入人心，也造成了中国传统美学的发展主流始终未离儒学。

总而言之，先秦时期是中国历史上一个群星闪耀的时代，历经“礼崩乐坏”后名存实亡的周王朝，在法家思想主导的秦国的兼并下再次走向统一，诸子思想也继续在不同历史时期下继续发挥着各自的优势，其中尤以儒家影响最为深远，故其对中国古代设计观的影响也最大。因为在“君—臣—民”的阶级社会体系下，设计造物造的不仅是简单的建筑、器物或用品，更是一种权力和地位的载体，是载“道”的“器”，深刻体现着社会的伦理秩序、政治理想等。这一设计理念绵延至后世整个中华文明的历史长河之中。

图 2-2 墨子像

第二节 秦汉时代的设计观

春秋战国时期的百家争鸣将“神秘主义”的哲学带入了“理性主义”。而法家主导的秦朝在思想和诸如度量衡、文字、车轨等方面实现了统一，这有助于设计观的统一。然而在秦朝的暴政下，百姓不堪其苦，秦朝建立仅 14 年后，历经二世即亡。而随后建立起的汉朝，因民力凋敝，百废待兴，故建立初期在全国推行道家思想，实施休养生息的政策，很快便迎来了“文景之治”，国家欣欣向荣，得到了空前的发展。至汉武帝时期，董仲舒提出“罢黜百家，表彰六经”的建议，意在加强国家的言论统一、法度统一和行动统一，儒家思想也逐步走进了汉武帝的视线。在儒家思想走向政治舞台的同时，其他的学术文化也得到了的发展，其发展速度甚至超越了先秦时期。直至汉末，天文、地理、水利、数学、农学、医学、纺织、建筑、冶炼、酿造、交通等学科都取得了杰出的成就，涌现了一大批学者、专家，这些都强有力地丰富了当时的设计观以及造物技术，提高了知识水平。

一、文质彬彬——功能与形式的关系

功能与形式的关系在哲学中所对应的即内容与形式。内容指构成事物的一切内在要素的总和；形式指事物内在要素的结构或表现方式。内容包括事物的各种内在矛盾以及由这些矛盾所决定的事物的特征、运动的过程和发展的趋势等。内容是事物存在的基础。同一种内容在不同条件下可以采取不同的形式，同一种形式在不同条件下可以体现不同的内容。内容与形式互相联系、互相制约。作为汉

朝后期主流政治思想流派的儒家，在内容与形式的关系方面，继承了孔子主张的“尽善尽美”，“子谓韶，‘尽美矣，又尽善也’。谓武，‘尽美矣，未尽善也’”。

这里的“美”与“善”是相对的美学范畴，美是艺术形式，善则为道德内容。由于《韶乐》内容的善与形式的美集于一体，所以孔子“在齐闻韶，三月不知肉味，曰‘不图为乐之至于斯也’”。[1]

孔子之后儒学的代表人物孟子（图2-3，孟子像）与荀子也同样追求“充实”与“全粹”之美，提出：“可欲之谓善，有诸己之谓信，充实之谓美，充实而有光辉之谓大，大而化之谓圣，圣而不可知之之谓神。”[2]

而另一对美学范畴“文”与“质”也可以对应形式与功能。“质”代表本体，是一种天然的、质朴的、不经人为雕琢的内在特质；与之相对的“文”则带有人工后天加工的痕迹。孔子认为“文”与“质”同样重要。“仲尼曰：‘《志》有之：言以足志，文以足言。不言，谁知其志？言之无文，行而不远。’”[3]“质胜文则野，文胜质则史。文质彬彬，然后君子。”

荀子在《宥坐》中提到了建筑“贵文”的观念：“孔子曰：‘太庙之堂亦尝有说，官致良工，因丽节文，非无良材也，盖曰贵文也。’”

可见，儒家认为外在的“文”如果表达不够充分，就无法体现内在的“质”。由此可以看出，在儒家思想指导下的汉朝设计对功能与形式是并重的，形式要追求功能，功能也要依托形式来体现。

图2-3 孟子像

二、象天法地——“道”“技”“器”的关系

秦汉时期中国已基本形成了较为统一的宇宙系统哲学观，在这一世界观、价值观、人生观的指导下，人们在设计思想上形成了比较统一的天人观，即追求“道”，并通过“技”来将之体现于“器”之中。而在设计中要体现的“道”，不仅包括最为宏观的“天道”，还有具体的事物道理。《汉书·艺文志》就将知识分为“六艺、诸子、诗赋、兵家、数术、方技”六大类别。这其中就包括天文、地理、水利、数学、农学、医学、纺织、建筑等，这些经验和知识都在设计中有所体现。其中在秦汉时期最为常见的设计思路是“象天法地”。

以建筑设计为例，秦代咸阳宫（图2-4）的相关描述中就曾明确提出宫殿建筑组群的分布模仿星次，《史记·秦始皇本纪·第六上》载：“始皇穷极奢侈，筑咸阳宫。因北陵营殿，端门四达，以则紫宫，象帝居。渭水贯都，以象天汉，横桥南渡，以法牵牛。”

汉代长安城则更进一步在秦朝咸阳宫“象天极”的基础上有所发展，许多文献都记载了长安城

1 刘彤彤：《问渠那得清如许，为有源头活水来——中国古典园林的儒学基因及其影响下的清代皇家园林》，博士学位论文，天津：天津大学建筑学院，1999，第59页。
2 孟子：《十三经注疏·孟子注疏·尽心下》，北京：中华书局，1980，第2775页。
3 左丘明：《十三经注疏·春秋左传正义·卷三十六·襄公二十五年》，北京：中华书局，1980，第1985页。

图 2-4 咸阳宫

与紫宫的对应关系。《西都赋》载：“其宫室也，体象乎天地，经纬乎阴阳。据坤灵之正位，仿太紫之圆方。”“徇以离殿别寝，承以崇台闲馆，焕若列星，紫宫是环。”

《西京赋》载“正紫宫于未央，表峣阙于闾阖……若夫长年神仙，宣室玉堂，麒麟朱鸟，龙兴含章，譬众星之环极，叛赫戏以辉煌……思比象于紫微，恨阿房之不可庐。规往昔之遗馆。获林光于秦余。”

不仅建筑外部形态遵循着象天法地的思想，建筑内部也是如此，如汉代墓室顶部均绘有星象，祭祀场所也要对应天体结构进行设计。

“象天法地”甚至在生活用品中亦有体现，如汉代铜镜（图 2-5，白光昭明汉镜）的周边往往就有古代的“天干”“地支”“四神”“八卦”等，铭文更是直白地指出了这一点，“内清质以昭明，光辉象夫日月”。

由此可以看出，在功能与形式关系的处理方面，“象天法地”是秦汉时期十分具有代表性的设计思路之一。而这一思路作为中华文明设计文化的主要特征之一被后世所传承。

图 2-5 白光昭明汉镜

第三节 魏晋南北朝时代的设计观

汉朝历经东汉衰败，进入三国争雄时期，两晋统一全国，继而再次南北分裂进入了魏晋南北朝时期。而正是在这群雄纷争的年代，司马氏为巩固统治推出了虚伪的名教，魏晋士人为恪守儒家所提倡的对“道”的捍卫，开始借助鼓励“隐逸”的道家思想反抗名教。在此背景下“玄学”，这一对《周易》《老子》《庄子》等道家思想重新解读的思潮席卷了魏晋士人阶级。然而魏晋时期，儒学依旧是正统学派，玄学的兴盛只是迎来了继东汉之后的又一轮的儒道融合。而在儒道合流中求得发展的“玄学”也确实丰富了这一时期的设计观。同时，最早可能于秦始皇时期已传入中国的佛教（主流观点认为佛教是于东汉明帝时期传入）在这一时期也正经历着漫长的中国化过程，其价值观已开始在艺术设计作品上有所体现。

一、外庄内儒——玄学思想对设计的影响

玄学思想历经了三个阶段，在司马氏掌权时期，基于对虚伪名教的反抗，竹林七贤（图 2-6）中的嵇康，以“隐居放言”的方式实践了儒家对“隐逸”的理解——对道的捍卫。他在《与山巨源绝交书》中说：“仲尼兼爱，不羞执鞭……所谓达能兼善而不渝，穷则自得而无闷。以此观之，故尧舜之君世，许由之岩栖，子房之佐汉，接舆之行歌，其揆一也……故君子百行，殊途而同致，循性而动，各附所安。”

图 2-6 竹林七贤

从另一方面，此文也可反映出嵇康的真实想法，即他对孔子十分欣赏的“曾点气象”的态度。他在《琴赋》中表达了对这种理想境界的追求：“若夫三春之初，丽服以时。乃携友生，以遨以嬉。涉兰圃，登重基，背长林，翳华芝，临清流，赋新诗。嘉鱼龙之逸豫，乐百卉之荣滋。”

因此，我们不难看出，玄学代表人物的真实思想依旧是儒家思想。他们外庄内儒的思想状态形成了历史上独特的魏晋风度。反映在设计当中，我们可以看到以竹林七贤为代表的文人在此动机下，

开始在穿着上强调突破礼法，以敞领宽衫、袒胸露乳为美。王公、名士都开始以穿着百姓服装为时髦。如三国时期的周瑜“羽扇纶巾”的穿着即为其中代表。而服装本身的设计也在这种环境之下出现了更多款式，如“小衫”“短襦”“套衣”“短褂”等。

同样，魏晋时期的女装相对于汉代的女装形式更加多样，变化也很显著。女服以衫、袄、襦、裙为主，“褒衣博宽大袖翩翩，对襟多领袖缘边，配以条纹间色裙，著围裳，匹帔子，为当时女装典型式样。”[1]另外，创作于魏晋时期的敦煌莫高窟壁画中的人物服饰便记录了当时的着衣风格。而民女、仆婢的“短衣”开领大袖只覆腰更是表现出了与汉代服饰不同的风格。

二、“神”“情”“气韵”——美学对设计观的影响

玄学在发展过程中，对哲学本体、宇宙本源及其规律进行探索，在促进理性思维发展的同时，出现了大批重要的概念和范畴，如“得意忘言”“声无哀乐”等。这些源于玄学的概念、范畴一经提出，随着不断深化和衍化，逐渐实现了对玄学自身的否定，即脱离原来的抽象哲学思辨而通向美学[2]。

由于玄学的内在出发点仍然是儒学，故继承儒家“立言”思想的玄学开始在文学创作理论和文学批评方面有了明显的进步。这一时期，曹丕在《典论·论文》上承儒家经典《孟子》《乐记》和王充、王符的文学美学理论，提出了“文以气为主”。陆机则在《文赋》中提出“诗缘情而绮靡”等。由此，在儒家思想的作用下，“神”“情”“气韵”等一批概念逐渐成为重要的美学范畴，并成为文学与绘画艺术的共同追求。

而“神”“情”“气韵”等美学范畴在绘画艺术中的发展逐步影响至当时的艺术设计当中，其范围涵盖大至建筑石刻，小至陶瓷器皿。如“气韵生动”“以形写神”的形式就从绘画艺术逐步影响至当时的石窟创作中，石窟艺术（图 2-7，龙门石窟佛像）在佛教传入中国后集中代表了当时雕刻壁画艺术高度发展的水平。在魏晋时期，石佛造像不仅规模宏大，数量众多，而且雕刻形态栩栩如生，十分传神。建筑中的石刻更是鬼斧神工，与建筑浑然一体。浮雕的纹饰设计中的藻绘边饰，以莲花、卷草最为出色。洛阳龙门石窟宾阳洞窟穹窿窟顶（图 2-8）中部的藻井为一重瓣莲花，围绕流苏构成莲花宝盖，周围八个伎乐天女和两个供养天女围绕莲花飞舞，裙带随风飞动，风姿绰约，体态生动，更添传神之妙。画面中弹琴奏乐者神态自若，体现了“诸天伎乐，百千万神于

图 2-7 龙门石窟佛像

1　夏燕靖：《中国艺术设计史》，沈阳：辽宁美术出版社，2001，第 105 页。

2　刘彤彤：《问渠那得清如许，为有源头活水来——中国古典园林的儒学基因及其影响下的清代皇家园林》，博士学位论文，天津：天津大学建筑学院，1999，第 164 页。

虚空中一时俱作，雨众天华”[1]之妙，地面亦饰以莲花图案，宛若铺饰“地毯”，上下呼应，和谐统一。

图 2-8 宾阳洞窟穹窿窟顶

魏晋时期已经进入了瓷器时代，并初步形成了“南青北白”的瓷器格局。当时的瓷器不但坚固耐用，而且表面光滑细腻，装饰丰富，形式多样生动，从侧面反映了当时的造物文化。就瓷器的造型而言，南方的瓷器秀丽、轻巧，北方的浑朴、厚重。青瓷中最具代表性的是莲花尊（图 2-9），这是一种南北朝时期（主要见于齐、梁和北魏）特殊的佛教主题瓷器品种。其器体为一仰和一覆，形似碗钵的莲花构成尊的主体。有的莲花尊自腹部至底座自上而下由达 7 层之多的仰覆莲花瓣构成，尊肩有系穿，尊颈略细长，饰有花鸟云龙。白瓷最早在东汉即有出现，而在河南安阳北齐武平六年范粹墓出土的白瓷艺术品中，有一件白釉绿彩长颈瓷品不仅具有波斯风格的造型，其腹部还有泼彩式淋漓的绿釉，说明南北朝时期的白瓷已与西亚传入的釉彩技术相交融，形成了具有时代特点的白瓷艺术品。而这种抽象的釉彩表达方式，不正是对于“神”“情”“气韵”等美学思想的体现吗？

图 2-9 莲花尊

不难看出，由玄学催生出一系列诸如“神”“情”“气韵”等美学范畴的思想已经成为影响魏晋时期最为深刻的典型的艺术设计思想。这些思想同样对整个中华文明的设计造物文化产生了深远的影响。

第四节 隋唐时代的设计观

经过南北朝长时期的分裂与动荡之后，隋唐时期终于迎来了国家的再次统一。隋代总结六朝经验，对美学进行了反思，主张“斫雕为朴”的审美意趣。另一方面，京杭大运河的开建和科举制度的创立

1 宣化法师：《妙法莲华经浅释 · 卷二 · 譬喻品第三》，北京：宗教文化出版社，2009。

更是为之后南北文化交流、世俗地主兴起的社会结构变迁埋下了伏笔。盛唐的政治环境更为稳定，其文化和思想都得到了飞速发展：文化上，盛唐的开放迎来了中西文化的广泛交流；思想上，印度佛教经历了魏晋南北朝时期漫长的中国化过程，完成了儒道融合，以禅宗为代表，佛教在中国得到了广泛传播，并形成了以儒家为核心的儒、释、道三家并立的格局。这些都对隋唐时期的设计观产生了十分深远的影响。

一、斫雕为朴——隋代的审美

隋朝建立后，总结六朝败亡的教训。其中尤以南朝陈叔宝、北齐后主高纬、北周静帝等“恣情声乐”的轻靡美学风调为前车之鉴，矛头直指美学与艺术风格。是时，李谔的《上隋高祖革文华书》代表了当时的这一态度。其推崇六朝前，“五教六行，为训民之本；诗书礼易，为道义之门。故能家复孝慈，人知礼义”。

而六朝开始，世风日下。“降及后代，风教渐落。魏之三祖，更尚文词，忽君人之大道，好雕虫之小艺。下以从上，有同影响，竞骋文华，遂成风俗。江左齐梁，其弊弥甚。贵贱贤愚，惟务吟咏。遂复遗理存异，寻虚逐微，竞一韵之奇，争一字之巧。连篇累牍，不出月露之形；积案盈箱，惟是风云之状。世俗以此相高，朝廷据兹擢士。禄利之路既开，爱尚之情愈笃。于是闾里童昏，贵游总丱，未窥六甲，先制五言。至如羲皇、舜、禹之典，伊、傅、周、孔之说，不复关心，何尝入耳！以傲诞为清虚，以缘情为勋绩，指儒素为古拙，用词赋为君子……构无用以为用也。损本逐末，流遍华壤，递相师祖，久而愈扇。”

文中所指主要是齐梁以及包括魏晋以来的所有的文学现象，包括魏晋玄学、陆机美学、六朝辞赋等。李谔对这一时期的文学、美学等状况做出了彻底的否定，并认为这是社会风习日益不古的主要原因。

隋代思想家、美学家对于六朝的美学基本采取偏激的否定态度，矫枉过正，这也使得文学、美学的功能逐步向政教方向发展。这抑制了美学的感性发展，将魏晋之后所形成的诸如“风骨”“神思”等彻底否定和淘汰，并由官方将这一观念诉诸强制性的行政措施。从客观上来看，这其实阻碍了美学的发展。

在此背景下，隋代的审美方向——“斫雕为朴”的美学风格逐渐形成。边塞诗便是最早反映这一美学风格的艺术形式。如杨素的《出塞二首・其一》曰：“漠南胡未空，汉将复临戎。飞狐出塞北，碣石指辽东。冠军临瀚海，长平翼大风。云横虎落阵，气抱龙城虹。横行万里外，胡运百年穷。兵寝星芒落，战解月轮空。严鐎息夜斗，骍角罢鸣弓。北风嘶朔马，胡霜切塞鸿。休明大道暨，幽荒日用同。方就长安邸，来谒建章宫。”

诗中措辞大气雄壮，如“横行万里外，胡运百年穷”“北风嘶朔马，胡霜切塞鸿”等，给人以古朴苍劲之感。

而这一审美意趣也在隋代的青瓷中反映出来。隋代瓷器制造工艺较之前更为精湛，其种类也更多，并已经部分取代了金器、银器、铜器、陶器、漆器等。瓷器的样式在国家统一的情况下，融通了南北两地瓷器的外形特征，既有北方的粗犷苍劲，又融合了南方的清秀质感，而在整体线条上则仍以古朴、阳刚为主。

除了在瓷器方面，在铜镜的设计上也可以看出这种不同，如隋代的铜镜在装饰上有别于六朝和中唐之后的审美意象。隋代铜镜（图 2-10）虽有南北朝遗风，但在纹样和线条上显得更加粗犷和阳刚，其在造型与装饰纹样的设计上也与唐代的镜子有较为明显的区别。

图 2-10 隋代铜镜

二、博采众长——唐代的审美

唐代是中国历史上最为鼎盛的时代之一，这一时期中国进入了继汉代之后又一次的稳定统一的繁荣发展阶段。唐代的艺术审美可谓海纳百川，博采众长。形成这一特点有三方面原因。第一，在唐代稳定的政治环境下，中国南北文化交流融合，使汉魏旧学（北朝）与齐梁新声（南朝）相互取长补短，推陈出新[1]。第二，唐朝自身是一个时间跨度近 300 年的漫长王朝，从诗歌角度唐朝可分为四个阶段，即初唐、盛唐、中唐和晚唐。不同历史时期的唐王朝在审美意趣上有着不同的侧重。第三，隋朝再次恢复的朝贡体系日益发展，唐朝继承了前朝的丝绸之路并予以深入发展，与世界各国的交流也日益增多。而唐朝的空前繁荣也为中华民族再次建立起了民族自信，在文化交流和吸收上显得极为包容和大度，可谓“无所畏惧无所顾忌地引进和吸取，无所束缚无所留恋地创造和革新”[2]。在此基础上所绽放出来的唐代艺术价值观可以说是实现了质的飞跃，正如李泽厚先生所言：“如果说，西汉是宫廷皇室的艺术，以铺张陈述人的外在活动和对环境的征服为特征；魏晋六朝是门阀贵族的艺术，以转向人的内心、性格和思辨为特征；那么唐代也许恰似这两者统一的向上一环，既不纯是对外在事物、人物活动的夸张描述，也不只是对内在心灵、思辨、哲理的追求，而是对有血有肉的人间现实的肯定和感受、憧憬和执着。”

在这个艺术发展高度和广度都极为突出的时代背景下，设计的风格和价值取向也极为丰富，这一时期设计作品的共同特点可以总结为“雄伟大气，博采众长”。

一方面，唐朝初期基本继承了隋朝“斫雕为朴”的审美意趣，在“尚武精神”和主张“本自无缚，不用求解”[3]的禅宗大行其道的背景下，奠定了唐代设计整体带有“雄伟大气”这一特征的基调。这一特征从唐代的建筑样式以及其他一些设计艺术品中可以看出。以大明宫（图 2-11）为例，大明宫是唐长安城中规模最大的一处宫殿区，位于长安城宫城东北侧的龙首原上。宫城的南部呈长方形，北部呈南宽北窄的梯形，周长为 7 628 米，面积约为 3.2 平方千米，为北京紫禁城的 4 倍，相当于 3 个凡尔赛宫、12 个克里姆林宫、13 个卢浮宫、15 个白金汉宫、500 个足球场。其正殿含元殿现在残存的基址仍有 15 米高，其规模之大可见一斑。这些都体现了唐朝皇家建筑审美对于大尺度所体现的雄伟壮观的美学偏好。

1　李泽厚：《美的历程》，北京：文物出版社，1981，第 170 页。
2　李泽厚：《美的历程》，北京：文物出版社，1981，第 170 页。
3　大珠禅师，等：《佛法要领 · 永嘉禅宗集 · 传心法要 · 顿悟入道要门论》，台北：老古文化事业公司，1986，第 324 页。

另一方面，唐代汉人也吸纳了许多其他民族、国家的文化。比如，许多汉人在生活习惯方面越来越多地开始接受并采用了胡人的方式，由此在设计方面也有很大的变化。例如：汉人由席地而坐转为垂足而坐起源于魏晋南北朝时期，而到唐代，凳子、椅子等垂足坐具已经得到了相当大范围的推广，并且人们坐姿的改变还连带引起了饮食器皿形态设计的变化。唐代之前的宴席多采用席地而坐的分食制。因此相关的家具亦较为低矮，餐具也多为个人用餐所设计。而当胡人的共食制在汉人中推广开来之后，高足家具以及供众人共食的饮食器皿也得到了更为深入的研究和设计。不仅如此，在艺术装饰设计方面，唐朝也是博采众长，海纳百川。唐朝不仅是当时世界上唯一实现佛教、袄教、景教、摩尼教、伊斯兰教以及中国本土道教、儒学共存相处的国家，还从不同信仰中积极吸收了当时波斯、粟特、拜占庭、天竺、阿拉伯等各种文化的设计元素。以金银器为例，从西亚传入的金银器的捶揲法比唐朝本土生产金属器皿的模铸法和瓷器的拉坯法更具有塑造性，制作出的金银器富于凹凸变化，很快得到了唐朝上层社会的喜爱并得到推广。诸如此类的多元文化融合的设计观涵盖了唐朝的各个设计领域，是唐代设计观的另一特征。

图 2-11 大明宫

第五节 宋元时代的设计观

自唐末朱温篡唐建立后梁开始，历经了 70 多年的五代十国的分裂时期，中华民族终于再次迎来了大一统，并进入了历史上另一个鼎盛时期——宋朝。此时，在哲学思想方面，由于佛、道两家对本体论、宇宙论方面的重视，迫使儒学不断吸收佛道两家的思想，并将自身进一步完善，成就了宋代“理学”的辉煌，同时促进了儒释道的进一步融合，推动了整个中华文明社会文化的进步。在社会方面，唐代开始形成的世俗地主日益取代门阀贵族的社会结构趋势在宋朝被确定下来。这两方面都深刻地影响着设计价值观的方方面面[1]。随着1276年蒙古人攻占临安，1279年南宋灭亡，中华文明迎来了第一次由少数民族统一中国的朝代。元朝的版图之广袤未有前者，“自古有国家者，未若我朝之盛大者矣”[2]。这是一个世界性的大帝国，多元文化的共存以及由民族、宗教信仰而产生的明显的区域划分是元朝设计文化价值观的一大特点。

一、雅俗共赏——宋代的设计观

随着门阀势力的土崩瓦解，宋朝“兴文教，抑武事”的政策将整个社会带入了士人文化之中，同时，市民阶层的形成也使得俗文化兴起。一时间，雅俗文化的互补与共生为宋代的设计带来了更丰富的内容。这些特征从瓷器的设计中即可看出。

宋代兴起的士人阶层对我国瓷器艺术的飞跃发展起到了推进作用。首先，随着士人文化对社会各方面生活影响日益广泛，人们对于瓷器的需求也逐渐增多。其中饮食器、茶具、酒具等是宋代瓷器中使用量最为庞大的器皿。由于瓷器在宋代（图2-12，宋代钧瓷）已经开始全面取代了之前人们所用的金器、银器，但这一时期有很多瓷器的造型仍然沿用之前的金、银器皿的造型。其次，文人的审美意趣对瓷器的形态影响也十分深刻，例如郑樵等人提出了“制物尚象”的设计思想，主张器物的设计要达到实用与审美的统一，应当“观物取象”，从自然中寻找灵感[3]。故宋朝瓷器多半造型精美，具有优美的意象。很多饮食器具甚至突破了半圆形造型，创造了诸如八角形、瓜棱形碗。不仅如此，在文人审美的引导之下，宋瓷不但在造型上有所突破，宋人士大夫更是进一步提出了更高层次的追求——“得意忘形”的最高品评境界。北宋黄休复在其画评著作《益州名画录》中指出：“画之逸格，最难其俦。拙规矩于方圆，鄙精研于彩绘，笔简形具，得之自然，莫可楷模，出于意表，故目之曰‘逸格’尔。”

图2-12 宋代钧瓷

这种被称为“逸格”的抽象审美意趣在宋瓷中就有广泛的应用，主要体现在瓷器的着色——釉色的运用之中，具有装饰性釉色的瓷器是宋瓷中高级瓷器的显著特征。最后，宋代文人更是将瓷器的装饰作用推向了极致，创造出了书画一体的瓷器装饰形式，例如宋人在瓷枕上题诗作画就屡见不鲜。以上都体现出宋代士人文化对工艺品设计的深刻影响。

1　李泽厚：《美的历程》，北京：文物出版社，1981，第199页。
2　苏天爵：《影印文渊阁四库全书全本·元文类·元史地理志序》，上海：上海古籍出版社，1987。
3　郭芳：《中国古代设计哲学研究》，硕士学位论文，武汉：武汉理工大学设计与艺术学院，2004，第70页。

而宋代瓷器文化的另一个特征即在市民阶层的影响下出现了表达“俗文化”的瓷器。一方面，随着市民阶层对瓷器需求的增加，宋代出现了粗瓷，即造型简单、制作工艺较为粗糙的瓷器，其中还包括口径超过 22 厘米的大碗，这些瓷器都用以满足普通百姓对于瓷器的需求。另一方面，在士人文化推动下的诗画一体的瓷器装饰形式中，人们在装饰题材的选择上却更多地受到市民阶层中“俗文化”的影响，反映的多是世俗生活。如瓷器的题诗内容有“贫居闹市无人问，富贵深山有远亲”等描述生活感悟的诗句，或有以“吉祥”为主题的图样表达等。这也体现了宋人“雅俗共赏”的审美意趣。

二、多元并存——元代的设计观

元朝的建立标志着中国迎来了历史上第一个由少数民族统一全国的政权，而鼎盛时期的元帝国也是中国历史上国土面积最为广袤的帝国。元朝有钦察汗国、察合台汗国、窝阔台汗国与伊儿汗国等四大汗国作为其藩属国，黄金家族的统治横跨整个欧亚大陆，是一个名副其实的世界性大帝国。元代对宗教性信仰也持开明态度，故元代除佛教、道教外，基督教、伊斯兰教、犹太教等都得到了保护和发展。正因其统治范围之广，容纳文化元素之多，在元帝国的不同区域皆有不同于其他区域的文化作为其主导，同时也因蒙古族在文化思想上未有悠久传统，故对不同文化都较为尊重，并促进了文化间的融合。

一方面，元帝国的各个区域有明显的设计文化差异，这是元朝广袤的国土以及其采取歧视的民族政策下的产物。蒙古族最早信奉萨满教，而元朝统治者很快接受并尊崇佛教，其宣扬转轮王理论，使得藏传佛教在元朝佛教中占有主要地位。故在靠近政治中心的帝国北部以及西南部的蒙古族、藏族等游牧民族大多信奉藏传佛教。藏传佛教艺术设计的色彩浓艳、花纹繁丽的风格对元代宫寺建筑有着很大的影响[1]。刘敦桢在《中国古代建筑史》中提道：“大都的宫殿穷极奢侈，使用了许多稀有的贵重材料，如紫檀、楠木和各种色彩的琉璃等。在装饰方面主要宫殿用方柱，涂以红色并绘金龙。墙壁上挂毡毯和毛皮、丝质帷幕等，这是由于他们仍然保持着游牧生活习惯，同时也受到藏传佛教建筑和伊斯兰教建筑的影响。壁画、雕塑也有很多藏传佛教的题材和风格。宫城内还有若干盝顶殿及维吾尔殿、棕毛殿等，是以往宫殿所未有的。”[2]

潘谷西在《中国古代建筑史（第 4 卷）：元、明建筑》中也指出：“元大都宫殿的另一特色是色彩和室内装饰：白石阶基红墙、涂红门窗、朱地金龙柱、朱栏、大量间金绘饰，配以各色琉璃，色调浓重、强烈、犷悍。”[3]

这些特征都体现了藏传佛教对于元帝国北部及西南部的设计观的影响。

而在作为元帝国“第四等”民族的南人[4]聚集的广大南方区域，基本延续了汉人的传统，宗教信仰以汉传佛教中的禅宗以及道教中的全真教、正一教为主，并且在儒、释、道三教合流之下，出现了折中的艺术设计风格，这种风格被广大民众所接受。汉文化中的如鱼、雁、鸳鸯、龙、凤等具有吉祥寓意的主题元素仍然是这一片区域应用最为广泛的设计元素。

在元帝国的西北部，即新疆和甘肃、青海、宁夏地区，还有北京、云南等地区的回族人信奉伊

1　张晶：《中国古代多元一体的设计文化》，上海：上海文化出版社，2007，第 194 页。

2　刘敦桢：《中国古代建筑史》，北京：中国建筑工业出版社，2003，第 268 页。

3　潘谷西：《中国古代建筑史（第 4 卷）：元、明建筑》，北京：中国建筑工业出版社，2001，第 4 页。

4　元朝对国内民族采取歧视政策，把民族分为四等：第一等是蒙古人，享有各种特权；第二等是色目人，即西域各族人，地位稍次；第三等是汉人，即原来金朝统治下的汉族、契丹、女真族等；第四等是南人，即原来南宋境内的汉族和其他各族居民。

斯兰教，故在这些区域人们崇尚蓝、绿、白等清新的色彩，清真洁净的艺术风格体现在诸如建筑、日用品、服饰等各种艺术设计作品当中。

另一方面，因对于文化的开放态度，元朝能主动吸纳各民族地区的设计之长，这又促使了各个民族文化的融合，使元朝的设计具有一种世界性的特征。在城市规划的方式上，以元大都（图 2-13，元大都平面图）为例，元朝的统治者十分中意具有先进城市规划思想的汉人的规划方式，启用汉人刘秉忠作为元大都的总规划师。他在整体布局上基本参照了《考工记》中都城的设计理念，“匠人营国，方九里，旁三门，国中九经九纬，经涂九轨，左祖右社，前朝后市，市朝一夫”。在此基础之上，结合实际需要，他对街道的具体尺度进行了修改，采用了“大街小巷”制，大街较宽，为 25 米左右，小巷较窄，为六七米。不仅如此，因蒙古人不善治水，在都城的水系设计方面，他们同样授权著名的汉人水利专家同时也是天文学家、数学家、仪器制造专家的郭守敬来主持。规划方面虽由汉人主持，但在宫殿设计上则保留了自身民族的特点。在宫内严整规则的汉式建筑群之外，还散布着一些纯蒙古式的帐幕建筑，这些帐幕规模大，装饰豪华，称为“帐殿”“幄殿”“毡殿”，如元世祖忽必烈的帐殿直到顺帝时才因改建殿宇而被撤去（《元史・顺帝纪》）。帐房与木结构琉璃瓦的殿宇交错分布，勾绘出一幅元代宫室特有的蒙汉建筑混为一体的图画[1]。此外，在装饰方面，如前文所述，受到藏传佛教的影响，建筑师们多采用浓重、强烈的色彩装点建筑。

在其他方面，多民族文化交融的设计现象同样明显。在服饰方面，元代的式样、色彩、工艺技术等都综合了不同地域和民族的文化特征，如扣子的广泛使用、伊斯兰文明影响下的纹样设计等。在瓷器方面，为迎合蒙古人坐席共食、大碗喝酒、大盘吃肉的饮食习惯，元朝创造出了与宋朝的清秀风格截然不同的瓷器。元代的日用瓷器具有器大、胎厚的特点，以大盘和海碗为代表。大盘口径一般为四五十厘米，体现了蒙古人豪迈的民族性格特点。同时，藏传佛教对于瓷器的影响也颇为深远，最具代表性的为僧帽壶和多穆壶，这是当时两种全新的瓷器器型。僧帽壶以形似僧侣法冠而得名，造型模仿西藏银酒壶，是一种高档酒器。而多穆壶亦有僧帽装饰，而造型则是模仿藏族木质奶茶壶，常出现于青花瓷和青白瓷两种瓷器中[2]。元朝虽未能将各民族独具特征的设计元素做到融会贯通，形成自己所独有的特点，但为之后的朝代的设计开阔了设计视野。

第六节 明清时代的设计观

1368 年，布衣出身的朱元璋攻克南京称帝，中华文明迎来了历史上最后一个汉人建立的中原王朝——明朝。这是一个极为强盛的时代，《明史》评价其“治隆唐宋”“远迈汉唐”，也正因如此，明王朝极高的文化自信心使其如汉唐般热衷于文化交流。而发源于宋代的程颢、陆九渊的新儒学也正是在这个经济繁荣、社会开放的时期下，由王阳明首度以“心学”为其命名。至此，心学有了独立的学术脉络。而“心学”的兴起，正是出于对“人欲”的关注，这也深刻地影响了当时的设计观。之后李自成攻克北京，明朝灭亡，满族人入关，建立了中国历史上最后一个封建王朝。清朝基本沿袭了明朝政治、文化方面的传统，并在此基础上总结前朝经验，创立了堪称中国历史上最成功的帝王早期教育，也为其进一步加强中央集权打下了基础。清朝在与西方文明的交流方面也是跌宕起伏，种种经历都深刻影响了清朝以后的设计观。

1 潘谷西：《中国古代建筑史（第 4 卷）：元、明建筑》，北京：中国建筑工业出版社，2001，第 4 页。
2 张晶：《中国古代多元一体的设计文化》，上海：上海文化出版社，2007，第 205 页。

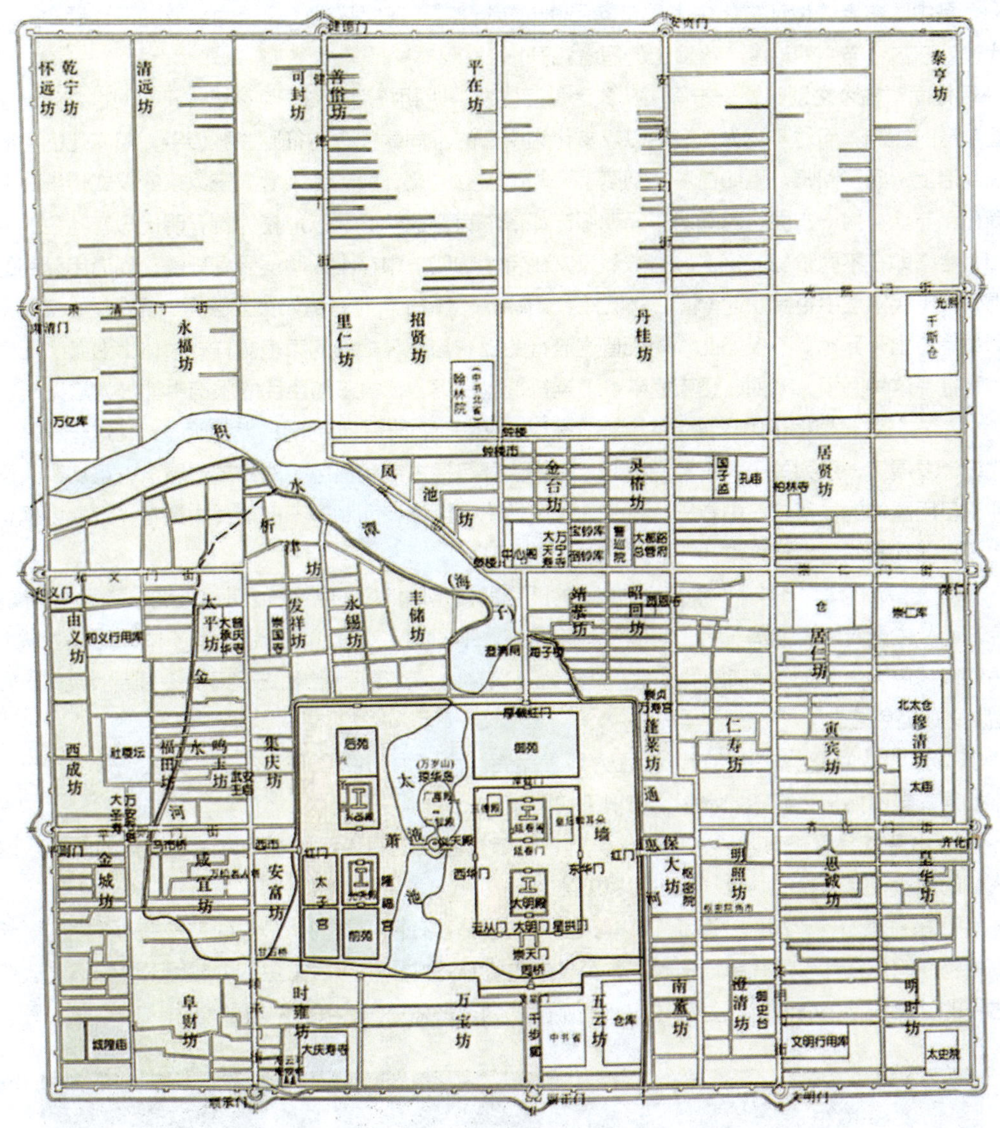

图 2-13 元大都平面图

一、崇古追新，融汇中西——明代设计意趣

从艺术内容的角度来看，明清艺术关注的对象较以往有了明显的不同。正如李泽厚先生所说："纵观前面，如可说汉代文艺反映了事功、行动，魏晋风度、北朝雕塑表现了精神、思辨，唐诗宋词、宋元山水展示了襟怀、意绪，那么，以小说戏曲为代表的明清文艺所描绘的却是世俗人情。"[1]而这一关注对象的转变，正是因为明代中叶，在经济繁荣、百业兴旺的社会环境下，商人地主、市民阶层再次兴起，市民阶层对于艺术、时尚的追求亦有更高要求。同时，市民阶层的雅化也推动着士人阶层的俗化。在商品经济日益发达的明代社会，士人与市民两者相互作用，将明代设计推向了市场，推向了

1 李泽厚：《美的历程》，北京：文物出版社，1981，第 254 页。

公众，是中国古老的设计文化由上层走向民间的转折点[1]。在此基础上，更为广泛的设计受众推动着明代设计在古今与中西这两个维度上的思考和开拓。

明代面对古今之别时，一方面，从政治角度出发，明朝统治者对于前朝——元朝的官方设计主张有着刻意的压制，而对于更为久远的以汉文化为中心的不同朝代之特征则主张传承，汉文化的中心地位在政治上得到了回归。例如在着衣制度上，明朝建立之初，即主张恢复唐宋以来的汉式传统，并提倡简化和节俭。另一方面，民间对于元朝服饰却依然有普遍偏好。以冠帽为例，明代极有特色的四方巾和六合帽即在不同阶层流行。具有浓烈汉文化特色的四方巾在士人阶层受到喜爱，而沿用元制的六合帽则在市民阶层中更受欢迎（图 2-14，四方巾和六合帽）。还有诸如钹笠圆帽、瓦楞帽、金钱帽、五彩帽等皆出于元代。不仅如此，明代普遍流行的上衣与下裳相连的束袍裙样式大体上沿袭了元代袍服的特征，这种圆领、窄袖、腰束横带、下裳打褶的袍裙，在君王与臣民的服饰中都极为常见[2]。

“崇古”这一植根于中华文化的心理，在汉文化重新回归主流的明代尤为明显，在这一背景下，明代设计发展了一系列关于“古”的标准，其中主要包括古制和古色。对古制的看法，可从明人谢肇淛评论日用器物的“茶注”中看出：“茶注……岭南锡至佳，而制多不典。吴中造者，紫檀为柄，圆玉为纽，置几案间，足称大雅。”[3]

此处谢肇淛直指“不典”（不符合古制）的器物即便是质地好，也不符合审美标准，不可视为高雅。古色方面，主要针对古铜器、古玉器的沁斑等而言，不同的人对其品级标准略有不同，如高濂认为：“古铜以褐色为上，水银黑漆鼎彝为次，青绿者又次之也。若得淳青绿，一色不杂，莹若水磨，光彩射目者，又在褐色之上。”[4]

张应文则认为：“古铜色有以褐色为最上品者，余以为铅色最下，朱砂斑次之，褐色胜于朱砂而不如绿，绿不如青，青不如水银，水银不如黑漆……”

虽然古色的品级略有差异，但基本可以看出暗褐色系在明代设计中是最受到推崇的颜色。这种对古制的钟爱，足以看出明代“崇古”风之盛。

明代虽“崇古”，却也“追新”。“追新”主要体现在两个方面。一方面在于其对古器的“新”用。古物在明代往往不是简单地被收藏，更多的古物被巧妙运用于日常生活中或用于装饰环境。这种对古物的“再设计”在明代极为常见。如高濂就认为“彝盤……今可用作香橼盤”“觚、尊、兕，皆

图 2-14 四方巾（左）和六合帽（右）

1 张晶：《中国古代多元一体的设计文化》，上海：上海文化出版社，2007，第 221 页。
2 张晶：《中国古代多元一体的设计文化》，上海：上海文化出版社，2007，第 221 页。
3 谢肇淛：《五杂组 · 卷十二》，上海：上海书店出版社，2001，第 246 页。
4 高濂：《遵生八笺 · 燕闲清赏笺》，王大淳校点，成都：巴蜀书社，1992，第 533 页。

酒器也，三器俱可插花”，等等。这种将古物运用于当下日常生活的现象，表明了明代设计领域某些核心审美和价值观的转变，即以评价设计艺术的形式标准取代了以往固守的器物年代、品相和政教意义等标准[1]。正如李渔说：“夫今人之重古物，非重其物，重其年久不坏，见古人所制与古人用者，如对古人之足乐也。”[2]

另一方面，明代对于相近年代的，甚至是当下的“新”物也同样十分追捧。明代对于设计的态度并不局限于“古”必雅于“新”，相反，明代更加看重设计本身的优劣，设计出色的“时玩”同样有众多拥趸者。也正是这样的设计价值观，使得明代创造出许多杰出的设计作品，在军用武器方面有“三眼神铳”“火龙出水”（二级火箭的始祖）（图2-15）等世界领先的火器，在生活用品方面更是将继承于宋代的家具设计推向了新的高峰，缔造了我国传统家具设计的黄金时代，并将此辉煌延续至清朝前期。

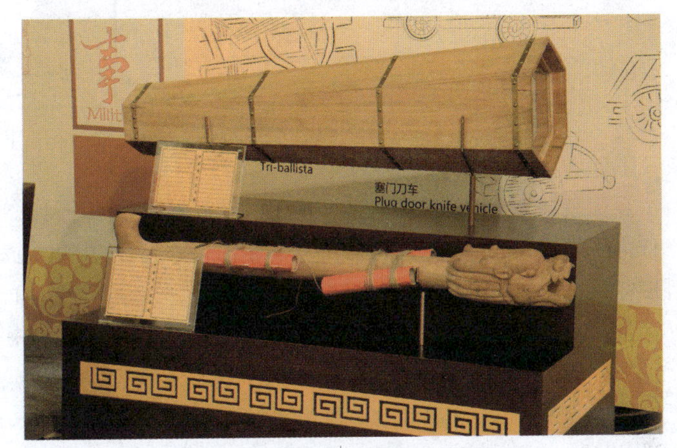

图 2-15 火龙出水

明代对于中西之别同样采取了开放吸纳的态度。郑和7次下西洋，促进了中国与亚非30多个国家的交流往来。虽然这7次下西洋，主要以中国对周边国家进行主动“输出”的方式进行交流，但是其他国家所带来的稀有的原材料和多样的器物也丰富了明代设计的门类，提升了造物的品质。在材料方面，如从东南亚传入的多种名贵木材为明代家具的登峰造极提供了珍贵的物质基础。明代人范濂在《云间据目抄》中即提道：“纨绔豪奢，又以椐木不足贵，凡床橱几桌，皆用花梨、瘿木、乌木、相思木与黄杨木，极其贵巧，动费万钱，亦俗之一靡也。”

在品类方面，随着天主教第三次传入中国，西方诸多科学技术产物，如火器（佛朗机）、钟表、地球仪、三棱镜等都进入了中国的设计领域。据载，上海的钟表行业都拜利玛窦为祖师，可见西方技术对于明代钟表设计影响之深远。晚明诸多的科学技术著作，如《坤舆图说》《远西奇器图说》《天工开物》（图2-16，《天工开物》中内页）等，都记载有大量西方传入中国的工艺技术、设计艺术等。

二、民族争艳，中西碰撞——清代的设计意趣

清帝国是中国历史上最后一个封建王朝，也是最后一个由非汉民族统一全国的政权。这一时期的设计领域一方面迎来了多民族设计文化的争奇斗艳，另一方面又面临西方设计理念的强烈冲击。在这些文化现象的影响下，清代也呈现出了空前丰富的设计艺术风格和设计产品门类，这些设计产物都反映出清代设计观跨时代的变革历程。

清朝对于各民族、信仰都较为尊重，这一时期也涌现出了众多民族艺术风格浓厚的设计产品。

1　彭圣芳：《共生与互动——明代设计中的“崇古”与“追新”意识》，载于《美术学报》，2012年第6期。
2　李渔：《李渔全集·第三卷·闲情偶寄·玩物部》，杭州：浙江古籍出版社，1991，第221页。

图 2-16《天工开物》中内页

小至服装，大至建筑，都有诸多反映民族设计美学和设计思想的精品不断涌现。在服装方面，满族作为统治者，其民族风格的服饰在清朝占有举足轻重的地位。满族服饰主要有旗袍、马褂、坎肩、皮袄等。总体来说，满族服饰具有大襟左衽、圆领、系纽扣、开衩、紧身窄袖等特点。其中极有特色的“马蹄袖”（图 2-17，清朝服饰）则是由猎装演变而来[1]。除满族外，蒙古族、藏族、赫哲族（图 2-18，赫哲族鱼皮服）、鄂伦春族、达斡尔族等少数民族的服装也同样很有特色。而在建筑方面，各民族的设计智慧更是大放异彩。其中最具代表性的藏族建筑设计在世界建筑设计中都有十分重要的地位。藏族建筑中最为著名的是布达拉宫（图 2-19），该建筑位于西藏拉萨市区西北的玛布日山上，是一组宫堡式建筑群，最初是吐蕃王朝赞普松赞干布为迎娶尺尊公主和文成公主而兴建。清顺治二年（1645 年）其开始重建，1653 年顺治帝册封五世达赖后竣工。整个建筑裹山而造，外观为 13 层，而实际则为 9 层，高 110 米，自山脚向上，直至山顶，由东部的白宫（达赖居住的地方）、中部的红宫（佛殿及历代达赖灵塔殿）组成。红宫前面有一白色高耸的墙面为晒佛台，在佛教的节日里用来悬挂大幅佛像挂毯。值得指出的是，建筑整体不仅下宽上窄，顺应山势，在色彩上，下白上红的设计也与周边雪山相呼应。而为了营造建筑宏伟的气势，设计者更是刻意在白色墙体部分的下部不开窗，而上部又采用假窗和斜向台阶，以此在视觉上烘托了建筑的高度，可谓匠心独运。除此之外，中国各地的民居也颇具地方特色。不同地区的民居往往能做到因地制宜、建筑与环境相融，例如西南的景颇族、傣族、侗族、水族、布依族、门巴族、珞巴族、拉祜族都建造“干阑式”住房。苗族和瑶族的部分居住建筑则采用“半干阑”和“干阑”（图 2-20，苗族干阑式住房）形式。维吾尔族、回族、塔塔尔族、乌孜别克族、德昂族、黎族、毛南族、仫佬族则多居住于土屋。瑶族、独龙族、怒族、普米族采用木屋和竹屋的居住形式。西部地区的藏族、羌族、阿昌族多用木石结构的房屋。蒙古族、鄂温克族、哈萨克族、塔吉克族、柯尔克孜族多采用帐幕式住房[2]。这些形态各异的民居建筑都丰富了清代的设计美学和设计思想。

1　张晶：《中国古代多元一体的设计文化》，上海：上海文化出版社，2007，第 228 页。
2　张晶：《中国古代多元一体的设计文化》，上海：上海文化出版社，2007，第 228 页。

图 2-17 清朝服饰

图 2-18 赫哲族鱼皮服

图 2-19 布达拉宫

清代的统治者对于外来文化并不排斥，相反，更多的时候，统治者会主动吸纳外来的宗教和文化，当然也包括外来的科学技术等。清朝早期的帝王对西方的自然科学以及工艺技术最先发生兴趣。最早在顺治时期，清政府即招纳传教士汤若望为清廷制历。这期间，汤若望制造了诸如望远镜、日晷、圆规、天体仪等观测和绘制工具，并绘制了大量的图纸。而康熙皇帝对于西方的科学技术的热情更是清代皇帝中最浓烈的。对于西方的科学，他不仅身体力行亲自研究，还广罗人才，甚至于 1715 年授意意大利传教士致信教皇，要求他选拔精通天文、律吕、算法、画工、内科、外科的人来中国效力，并对来华传教士给予优厚的待遇。其中贡献最为突出的南怀仁更是被提拔为工部右侍郎，官居从二品。这种不因种族和文化而区别对待的态度，足以说明清代统治者对于外来文明的包容性。直至罗马天主教教皇要求中国天主教徒停止拜祭孔子与祖先而与中国发生“礼仪之争”，中西方的交流才逐渐中断。此后，清代帝王对于西方文明的借鉴更多偏向于观赏性的器物和技术。例如圆明园的建设采用西洋水法（喷泉），建造出了完美融合中西方文化的诸如圆明园海晏堂（图 2-21）等建筑。

而进入清代的中后期，中国对于西方科学技术的吸收热情终于在历经数次侵略战争后被点燃。1840 年的鸦片战争，清政府面对西方的坚船利炮应对乏术，终于意识到西方文明和科技发展之迅速，

图 2-20 苗族干阑式住房

并决定全面吸收和学习西方先进的科学技术和制造工艺，“洋务运动”在这样的背景下开始展开。面对西方的技术封锁，中国开始自行设计和建造蒸汽机和机械轮船。1862 年在安庆机械所内，徐寿设计制造出了中国历史上第一台蒸汽机和机械轮船。此后，中国对于西方技术学习的成果便呈井喷式展开。从枪械到铁路，从纺织到轮船，中华文明与西方文明发生了全面碰撞，并进入了之后中西方文明与科技融合的漫长历程。

图 2-21 圆明园海晏堂

第三章 现代建筑设计的传统符号

第一节 传统精神的宣扬

一、设计中传统精神回归的必然性

不得不承认，英国工业革命后的世界是西方国家主导的世界，经济、军事、文化、国际关系都在西方列强的掌控之下。中国亦如此。

强势文化的高压之下有两种结果：一是温和的改良或折中主义的盛行；二是某种思潮和主义在不经意间形成燎原之势，继而一举打破原先的局面。回想西方文化在鸦片战争之后大举输入中国的年代，在中国东部的沿海城市——天津、青岛、上海、福州这些城市的街道中，处处可以看到这种殖民文化的痕迹。甚至，在上海的外滩，由汇丰银行、沙逊大厦等建筑组成的一条天际线，在浦东开发以前曾经长时间被认为是上海的城市标志。这条天际线所折射出来的殖民文化和上海本应有的吴越文化又是何等的大相径庭？时至今日，这二者结合所诞生的“海派文化”早已被名正言顺地写入历史，在其影响下的美术、建筑、设计、文学等方方面面业已开花结果。但毫无疑问，殖民主义的印记已经在19世纪和20世纪被标记在了中国大地上，也必将被留存和铭记。殖民文化所带来的伤害在数十年之内深深地影响着国人。

改革开放的40多年时间，实际是中国和西方发生互动的过程，包括经济、体制和文化等方面。在这个过程里，中国的经济建设取得的成就有目共睹。经济的高速发展必然给文化发展、新文化的产生带来机遇。在这期间，中国人的精神状态和对不同文化的态度都发生了十分巨大的变化。20世纪

80 年代那种结合革命英雄主义和西方思潮的反思和批判性文化到 90 年代时转向了解构状态。进入 21 世纪以来，由于中国经济的强劲发展，尤其是在北京奥运会的强力推动下，中国人对待文化的态度也在发生着变化，人们开始思索本民族的优秀文化，尤其是思考如何把传统优秀文化融入当下的生活。“仓廪实而知礼节”，强大的经济增长显然增强了民族的自信心。泰戈尔在《中国和印度》中说：“不可盲目地相信，古老的尽是破烂，现代的样样都是珍品……我们爱惜的应具有人类恒久的价值，不管它是古老的，还是现代的。优秀的文化精神，使中国人民无私地钟爱万物，热爱人世的一切；赋予他们善良谦和的禀性，而未把他们变成物欲主义者，还有什么比这更值得珍惜的呢？他们本能地抓住了事物的韵律的奥秘：即情感表现的奥秘，而不是科学孕育的权势的奥秘。这唯独天帝深谙的奥秘，是一份珍贵的礼品。”他对中国人的理解是基于中国前五千年的传统。事实上，在今天的中国，人们也更愿意去谈论传统哲学、美术、服饰、家具、中医养生。自信心的恢复是经济发展的必然结果，带来的影响正是传统文化的当代回归，这种回归了的传统文化，又不可避免地被贴上“现代性”的标签。但这种现代性的传统文化很容易走向折中主义，最后的结果就是在形式和功能上都未能达到和谐之境界。

在今天的消费社会，我们既要利用科技来促进社会的发展和提高人民生活水平，同时还要发现传统文化的精神实质，重新理解和诠释传统文化精神，挖掘传统文化的精髓。在这个基础上，在现代社会中，传统精神与现代理性和谐地结合起来是完全有可能的，日本在这方面给我们提供了有益的借鉴，战后日本不仅实现了现代化，成为发达国家，具有了现代理念，又很好地保留了民族传统和民族精神。我们完全有理由相信，中国传统文化对于 21 世纪的国家建设具有重大的意义，重新反思传统文化，吸收传统文化的精髓，才能实现中华民族的伟大复兴。

事实上，中国已经处在新文化诞生的前夜。中华民族的文化复兴也是势在必行的。作为解决人和自然之间关系问题的设计，在中国也将不可阻挡地结合中国人的特质和中国这片土地的特性而走向一个新的时代。

二、传统建筑设计文化精神

中华民族的文化和中华民族的历史一样悠长、浑厚，具有持续性和自适应性的特点。在数千年的历史之中，这股文化的潮流一直缓缓奔涌向前。同哲学、美术、音乐以及文学一般，中国古代的建筑设计和造物文化也自发地显露出中国传统的文化精神。这种精神，一方面以所制器物作为物质载体，另一方面则集中地体现在中华哲学思想之中。同时，正是古代造物的成就，促成了古代哲学的发展成型。

然而，西方文明在近百年来的强势地位使得中国建筑师甚至普通国人也对我们自己的建筑文化产生了质疑。诚然，我们失去了“大唐盛世”这样的绝对民族自信。但对于中国古代建筑中所体现的设计文化精神，我们要有清晰的认识，对于中国传统文化如何影响着几千年以来的中国建筑，也应该有所了解。前辈梁思成在《我国伟大的建筑传统与遗产》一文中说：“历史上每一个民族的文化都产生了它自己的建筑，随着这文化而兴盛衰亡 ……中华民族的文化是最古老，最长寿的。我们的建筑也同样是最古老，最长寿的体系。在历史上，其他与中华文化约略同时，或先或后形成的文化，如埃及、巴比伦文化，稍后一点的古波斯文化、古希腊文化及更晚的古罗马文化，都已成为历史陈迹。而我们的中华文化则血脉相成，蓬勃地滋长发展，四千余年，一气呵成。”

我们的建筑史学家，包括艺术史学家等，却对这种“一气呵成、延绵不绝”存在着不同的意见。

一则，这样的特点的确证明了中国建筑和中华民族的延续性。英国伦敦政治经济学院亚洲研究中心研究员马丁·雅克曾经不止一次强调中国人对于统一体（unity）的重视。这种重视体现在对于中华民族的认同，对于民族身份的认同，实际上就是对以汉文明为主体的中华文明、文化的认同和追求。中国建筑自然就是这个大一统文化主体中的典型部分。实际上，在20世纪中期以前，建筑风格和建筑手法的特征正具有这样连续统一的特性。

另外，还有非常多的西方学者以及一些中国的史学家们认为中国建筑在几千年的历史里保持着一成不变，无所进步发展。如果从我们可以见到的古代建筑中来做总结，或许这样的观点还不至于太偏激。因为中国在文化艺术方面遗留下来了极为丰富的遗产，而建筑的遗存却无法满足我们对于中国古代建筑的完整考证和研究。比如，我们可以读到杜牧那气势如虹的《阿房宫赋》，然而，单凭类似“勾心斗角”“长桥卧波”的诗意的但却缺乏形象描述的文字，是无法准确地描述出阿房宫的形制和造型的。于是乎，我们的研究甚至想象似乎就很难脱离出我们能看到的那些建筑的范围。

事实上，如果我们把目光投向绘画、瓷器，还是不难从它们的发展历程中一窥传统建筑是如何在中国传统文化的影响下形成了我们今天所看到的样子。明代计成在其著作《园冶》[1]之中表达了“建筑可千年，人生不满百”的情绪。在他看来，建筑只应满足当下人们的物质和精神需求便可。由此可见，中国人对于建筑的态度绝不同于罗马人建造梵蒂冈城圣彼得大教堂时希望的“一朝而成，万世流芳”。既然这种辩证的、以人为本的观点在古代中国人中成为共识，那么，我们更有理由认为，中国建筑在其几千年的发展过程中，和其他灿烂辉煌的艺术品、工艺品一样，经历了不同时期的不同风格的转变，也在不同地域体现出“因人而异、因地制宜”的风格差异。这是中华传统文化影响下的人类造物活动的必然。

三、传统文化表达的中国精神——和谐与秩序

中国经济迅速崛起，中国的建筑设计和建筑师数量也以前所未有的速度向前发展。但我们看到的很多的当代中国建筑却逃不开对西方模式的照搬。那些冠以“中国风”的建筑设计作品也多是较为简单生硬地对中国传统符号进行叠加和堆砌。

作为前述现象的直接结果，就是中国的建筑、中国的城市出现了千篇一律的尴尬局面。这对于公众不断提高的审美需求和精神需求来说是远远不够的。中国需要具有真正反映中国和中国人精神特质的建筑。作为具有五千年历史的国度，本民族异彩纷呈的传统艺术和文化给我们带来的不仅仅是像“中国结”或是“笔墨纸砚”这样的民族符号。当代建筑设计中，如何体现本民族的精神特质一直是一个焦点问题。而这种民族精神的体现，可以更多地借鉴中国美术史和中国造物设计史中那些不朽作品所体现的中国传统文化精神。中国传统文化精神给我们带来的启示远远超过那些我们业已取得的艺术成就。具有文化特征的可视符号或许是设计民族化表达的有效载体，但其表达方式停留在表面上，不能真正体现出中国人血液里的精神特质。这是一个世界性的问题，包括西方设计在内的各种设计中都存在着设计师对本国传统抛弃的现象。当今中国应该有符合本民族艺术精神的新型建筑设计来满足大众的审美和精神需求。同时，生态环境保护和可持续发展的要求，恰恰可以从中国传统建筑设计中得到不小的启示。

1　计成：《园冶》，重庆：重庆出版社，2009。

第二节 传统意境的建构

一、中国传统建筑设计文化中的意境

“意境”在中国传统文化中是贯穿始终的一个重要概念，也是最为古老的美学概念和传统的审美基础。当然其不仅仅存在于建筑之中，同时也存在于所有中华文明下的中国传统文化中，其核心是崇尚自然、天人合一。传统设计在这样的思想指引下实现了人与自然、人与人之间的和谐对话。上至宫殿囿苑，下至酒器礼器，这样的对话实际上都是发生在一个由设计者（工匠）、材料、观赏者（使用者）和自然共同营造的体系之中，即把内容与形式、主观与客观完美地结合起来。《考工记》[1]说：“天有时、地有气、材有美、工有巧，合此四者，然后可以为良。”《考工记》所强调的设计者、材料、自然和谐统一，事实上印证了“意境”之中的“境”。至于“意境”中的“意”，还需要由观者来印证和体味。唐代画家张璪所说的“外师造化，中得心源”十分精辟地概括了由“造化”和“心源”结合而成的意境。“意”，为精神内旨，指向天地之道；“境”，则为“意”而生，空灵含蓄，二者相辅相成。

要使中国的传统设计文化元素在现代建筑设计当中得以应用和发展，形成全新的设计观念和风格，我们应该在理解其根源的基础上取其“形”，延其“意”，从而传其“神”。取其“形”自然不是简单的照搬照抄，而是对传统造型元素的重新转译和升华。

二、传统意境和现代、当代设计中的功能要求和生态学要求不谋而合

传统设计文化中所提倡的“天人合一”不仅仅满足了审美的要求，通过传统文化所营造出的意境事实上还给当代中国的一系列社会问题的解答提供了很好的参考。“天人合一”思想强调的是人与自然的和谐关系，主张人不能违背自然的承受力去改造和破坏自然，只能在尊重自然的前提下利用大自然的赐予去协调人类自己的生活和生产。在传统文化即将回归的中国，我们必须把人和自然的关系统一起来考虑，不能顾此失彼。

西方较早地走上了工业化的道路，在三百多年的时间里影响了整个人类社会，然而三百多年不过是人类社会的一瞬而已。世界著名哲学家、文化史专家威尔·杜兰特在《世界文明史》[2]中说：“如果人们把整个人类社会演进用 12 个小时来表示，那么现代工业时代只代表最后 5 分钟。”

在这“最后 5 分钟”，工业的不断发展、物质生产的不断增加、人类对自然资源的过量掠夺，给我们居住的地球带来的恐怕不只是人类生活的富足，而更多的是一个令人战栗的未来，即资源的枯竭、被破坏了的生态环境和战争。我们之所以有这样的忧虑，与西方哲学对于物质和精神分而视之这样的模式不无关系。也许西方的发展模式满足了人们当下的需求，但对于未来的可持续发展却无裨益。近年来，许多西方哲学家、思想家已经认识到了以中国文化为代表的东方文化可能给地球的未来带来希望，从而开始研究如何利用中国传统文化来克服西方文化给世界带来的危机。

总之，“天人合一”的思想体现了中国传统文化的和谐精神。以“天人合一”的思想来教育现代人有利于改变现代人忽视环境问题只顾眼前利益的思想，有利于正确处理人与自然的关系，有利于

1　闻人军：《考工记译注》，上海：上海古籍出版社，2008。
2　威尔·杜兰特：《世界文明史》，北京：华夏出版社，2010。

社会和谐，有利于实现可持续发展、和谐社会的构建。因此，为了社会的和谐，为了人类的生存，也为了推进构建和谐社会的进程，我们应该充分认识自然规律，遵循自然准则，发扬古代的优秀和谐文化，自觉主动地调整自身行为，改变自己的处事原则，把眼光放得更长远；保护和改善生态环境，适度开发资源，发展循环经济，提高资源利用效率，节约资源，实现人与自然的和谐发展，最终达到人与自然和谐共处的最高准则。

三、传统文化中“意境”的营造

“意”的传达与体味建立在一个传神的“境”之上。清代王国维可谓对境界研究的集大成者，他巧妙地将三句情爱之诗句“昨夜西风凋碧树。独上高楼，望尽天涯路”“衣带渐宽终不悔，为伊消得人憔悴”以及“众里寻他千百度，蓦然回首，那人却在，灯火阑珊处”引申为治学的三个递进的境界，即“玄思、苦索和顿悟”。尼采也认为人生有三个时期，即合群时期、沙漠时期和创造时期。合群时期，自我尚未苏醒，个体隐没在群体之中；沙漠时期，自我意识觉醒，开始在寂寞中思索；创造时期，通过个人独特的文化创造而趋于永恒之境。

无论是东方的王国维或是西方的尼采，他们所表达的意思无非是通过“肯定—否定—否定之否定”来完成最高境界的达成。在中国传统设计中，无论是建筑园林设计还是器物设计，都可以在其“境”的建构过程中找到这三个不同境界阶段。传统美学亦把人性亦分为三阶，即“天性为神、人性为气、物性为形”。传统设计的根本目的是建构出气韵生动、神形兼备的“境”以传意。

中国的当代建筑设计如何借鉴、利用传统设计文化，从而完成“意境”之“境”的建构，正是本章试图阐述的核心内容，但这远不是本书可以详尽解答的一个问题。如何利用传统建筑设计文化来实现中国现代建筑的传统回归和升华，也远远不是一种理论可以解决的难题。但通过我们灿烂的传统设计文化和工艺美术历史，我们还是可以管中窥豹地为这份伟大的事业列一个简单的提纲。

意境的构建过程是递进的。

意境构建的第一层首先是设计艺术语言的合理应用。艺术语言是营造意境的基础，任何成功意境的构建都无法脱离语言而独立存在。同诗歌和绘画一般，建筑设计同样也存在着其独特的语言系统，主要包括空间的布局、材质的运用、造型的构建、色彩的应用、光影和质感的呈现和细部装饰等。在中国传统设计文化中，不同种类的设计成品中所使用的艺术语言和当今中国设计以及西方设计大为不同。分析这些不同点，是形成真正的当代中国文化设计的基础。

从空间布局或造型特点方面分析中国传统设计的艺术语言，我们可以从建筑设计、器物设计、园林设计以及和传统设计同承一脉的水墨绘画中找到这种语言的要旨，即“围”与“透”。总体来说，由于中国古代社会始终为儒家提倡的宗法制度所统治，对“礼”以及“一统”的重视超乎一切，于是“围”这种有关空间布局的设计语言很自然地反映到古代设计者的实践过程中。在古典建筑和园林中，不必多说，我们可以很容易地找到“围”和“透”的例子。事实上，在器物设计方面，从商周的青铜器设计开始，其空间布局（造型、容积空间）就呈现出浑厚一体的基本特征。此后，至隋唐年间，由于国力的不断强盛，这种设计语言的应用发展到极致。“围”所体现的正是中华民族的自信心。佛语有云：“芥子纳须弥。”中国古代设计者们正是在这样有限的空间内完成了对“天人合一”的终极追求。当然，与“围”相对的手法是“透”，没有“围”基础上的“透”，意境就无所谈起。“透”的应用赋予了围合的空间更加动态的表现力，让设计作品充满了虚实相间的美感和意境。在本书的下面章节中，将会更加详尽地介绍关于这一设计语言在中国传统设计中的运用。

关于中国传统建筑设计中材质的运用，应该说，在生产力并不发达的古代，材质的选择本来是“靠山吃山、靠水吃水”。就地取材本就是世界各地区的一贯原则，但在古代中国，设计者们却有着自己的思考。为什么凡尔赛宫用石料筑成而故宫却为超大规模的木头建筑群？为什么西方传统绘画用的是油彩而中国的水墨画流传千年？在不同材料使用的背后，仍然是不同的文化背景在起着决定性的作用。而中国传统文化的核心是崇尚自然、崇尚人和自然的和谐关系，所以，我们看到的古代器物、建筑的组成材质大量地采用了和自然界联系更为紧密的木头、黏土、桐油。诚然，在没有新材料科学技术的古代，似乎这一切都是无奈之举。但中国传统对于材料选择更加忠实的特点是显而易见的，一个非常典型的例子就是中国建筑利用木制品“榫卯”进行结构搭建。偌大的宫殿，主结构除木头之外无任何其他材质，这在西方恐怕是不可想象的。此外，为了追求难于开采的玉石所表现出来的质感，聪明的中国人用土烧制出来了流传万世的瑰宝——瓷器。这种抱朴守拙、见微知著以成就辉煌的方式，正是一代一代中国人传承的中华文化的精髓。作为设计语言的一部分，材质的选择对当代设计来讲绝非对“古朴风格”的一味模仿，也不是其他形式的“复古”设计趋向，重要的是能透过材质看到其中的文化内涵——“天人合一，崇尚自然”。在设计中结合现代的手法和尊重自然的宗旨，才能让当今的设计既满足现代的功能性要求，又反映出中国人应有的精神特质。

同样，中国传统设计中的色彩应用也深受传统文化的影响。尽管中国传统设计文化博大精深，但是纵观中国工艺美术史、建筑史，还是不难从中找到联系。

我们今天所使用的颜色，从名称到色值都深深烙上了现代文化的烙印。我们把光分为红绿蓝体系（RGB System），把印刷机的油墨匣子分为了印刷标准四色（CMYK）系统，甚至采用位（bit）的概念把同种颜色的深浅分成 128、256、512、1024 不同色阶。很多现代中国设计师甚至不再把“红黄蓝”挂在嘴上而张闭口“C20M80Y100K30”或是“#EACC15（计算机中用十六进制确立的颜色系统）”。殊不知我们的祖先早已把大千世界的各种颜色赋予了多么诗意的名字和用途。“回眸一笑百媚生，六宫粉黛无颜色”，从诗歌中走出的颜色就很好地印证了这一点。“左牵黄，右擎苍”“知否，知否，应是绿肥红瘦”，颜色同时成为指代事物的符号，这是多么妙不可言的意境！从古文中走出来的颜色名称，如从“绛紫——绛，大赤也”“黎——土青曰黎”“黛——染青石谓之点黛”“艾绿——艾草之色”等中，都可以清晰地看出一点：中华传统绝不会机械地、纯理性地使用颜色这一重要的设计语言。正如清代学者梁同书在《古窑器考》一书中的记载：“汝窑，宋时以定州白瓷器有芒，不堪用，遂命汝州建青器窑，屑玛瑙为釉，如哥而深，微带黄，有似卵白，真所谓淡青色也。汁水莹厚如堆脂……”中国传统设计对颜色的要求多有指代。“日出江花红胜火，春来江水绿如蓝”，古人对颜色的欣赏和表述建立在不同情境之下，十分诗意朦胧。《芥子园画谱》有云：“天有云霞，烂然成锦，此天之设色也；地生草树，斐然有章，此地之设色也；人有眉目唇齿，明皓红黑，错陈于面，此人之设色也。”“天人合一”的思想在这里又得到了进一步体现。

当然，在封建礼教或五行学说的规定下，我们同样可以在传统设计中看到不同形制下对于颜色使用的强制规定。秦尚黑，汉尚赤，自唐以后，黄色专属皇权。帝王对于颜色的使用有着严格规定，等级自高而低分别为黄、赤、绿、青、蓝、黑、灰。如明清时代的北京城，紫禁城内金碧辉煌，城外一片灰白黑色，为的就是衬托出皇权至上。

对于建筑设计的手法和语言来说，“装饰”一直是一个备受争议的名词。自英国工艺美术运动起，围绕装饰的话题和理论就一直困扰着建筑师们。在中国传统设计中，这一话题似乎并未引起过太大的争端。中华文化是自成一体的，它也是最为开放和包容的文化。在中国这片土地上，各种文化、宗教、外来思想的影响在历朝历代可谓“你方唱罢我登场”。我们今天所提到的“传统文化”一词，事实上绝非黄河流域的华夏民族的生产生活的特征总和。中华文化对于任何外来的思想观念都有一个“包容并蓄”的过程。这个过程也许很漫长，也许要经过流血战争，但最终会形成类似“中学为体，西学为用”的新的综合体，实现“和而不同”。

中国传统设计发展的过程是中国的草屋茅舍、陶罐石凳发展到灿烂宫殿、恬静园林、瓷器家具的过程。这个过程伴随着生产力和人们造物技巧的极大提高，同时也是中国人将自然、传说、鬼神等精神层面的信仰进行模式化、符号化的过程。这个过程融入了中华民族的审美观念、“天人合一”思想等。此外，经过几千年提炼的传统装饰、传统符号，担负了中国人追求吉祥、平安、富贵的梦想，还体现了传统文化中对于五行等学说的尊重。而这些一代一代传承的梦想在当代社会仍然有着巨大的“市场”，中国人对于本民族的审美观、吉祥寓意的认同，绝非是西方文化的冲击可以改变的。西方圣诞节、包豪斯设计、日本动漫、法国红酒等一系列外来文化符号，近年来确实影响着中国人的生活方式，但深入中国人血液的传统观念、传统符号还会一代一代地流传下去。

传统设计语言是构成传统意境的最重要的基础，在完成了意境建构的第一阶段之后，迥于造型、色彩、装饰构建成的具象的“意象”开始形成。意象是主观的“意”和客观的“象”的融合、内心情感与观测对象的统一，亦即创造主体的主观情思对作为认识客体的物象的认识重构。意象的产生依赖于观者和被观者，同样依赖于外部大环境。同一器物置于山野之中或置于闹市之内，必然产生不同的意象。甚至在其他文化元素如制度、风俗、道德的影响下，同一客体所产生的意象也会不尽相同。中国传统文化中的意象虽然玄妙，但应用到生活中的设计之后，却是非常自然而真实的形象。同一器物的不同观者也大致能产生相近的意象。大一统的中国传统文化具有这种统一性和持续性，如同一艘行进的巨轮，虽有狂风恶浪，但始终向前。

在中国传统设计中，由客观器物、建筑和观者内心体味所组成的意象，实际上并非完全隶属于缥缈的精神层面。我们其实很容易就从中国古代绘画之中清晰感觉到这种传统意象的存在。唐代画家张璪的一句“外师造化，中得心源”十分精辟地解读了由客观形象到主观意象再到艺术形象的过程。于是，我们也可以借助传统绘画所展现的形象理解意象可能在脑中的所谓存在形式。当然，主观的意象不必需要有物质载体，权当作为参考。既然有了艺术形象作为参考，我们就更加容易通过理解绘画艺术中的意境来理解设计者如何一步步地把心中的意象上升为意境。中国传统绘画意境的产生说到底是画面气与势的营造、笔与墨的经营、实与空的置换、心与物的交融。在中国传统造物和设计的过程里，同样存在着类似的方式。以中国古典园林的营造为例，明代计成在其园林著作《园冶》中处处体现出他对意境的孜孜追求。他是如何达成意境之营造的呢？

首先，营造意境要求设计者具备十分坚实的根基，即深厚的学识、高尚的情操、不同寻常的审美观。在对大自然有了深刻的认识和感悟之后，设计者方能拥有理解力、创造力和想象力。计成首先是一位出色的画家，“最喜关仝、荆浩笔意”。他对自然风光的理解又建立在他全面的游历之上。他对山水花草的喜好和理解为他培养了深厚的文学艺术修养，从而形成了创作的基础。

其次，当设计者心中形成成熟的意象和计划，自然要通过合适的方式进行表达，应用不同的设计语言。这自然需要设计者熟练掌握设计语言。计成所著《园冶》一书中详细介绍了园林建筑、掇石理水等的建造要诀。计成不愧为一代造园宗师。

最后，由于意境的形成本身就是设计者和观赏者发生互动和共鸣的过程，当设计转化为了现实器物，观赏者产生了心底的共鸣，意境才会生成。这需要观赏者有一定的审美基础，或者是有相似的文化背景。国人对水墨画自然比对西洋油画更有认同感。这也是为什么我们要把传统设计中的精髓应用到当代设计中的重要原因。

总而言之，为了在现代设计中呈现出我们中国传统设计文化中的意境，实际需要设计者、使用者具有共同的艺术文化背景。这并不是一个遥不可及的未来。在当今中国，我们已经看到越来越多的设计师开始关注传统文化与当代设计的结合，也看到了越来越多的使用者开始让自己的审美观慢慢回归传统。这是一个充满挑战的过程，有着强大的经济和国力作后盾，设计的未来是中国的，也是世界的。中国的，就是世界的。

第三节　传统建筑文化符号的转译

一、传统建筑文化符号的主要种类和特点

中国的传统文化符号源于五千年来中华民族的发展和变迁，历经各个朝代政权的更迭，也经历了流血、冲突和民族大融合。中华文明以其包容一统性和延续性在几千年的时间里始终巍巍屹立。在如此厚重的文化之下，当今我们所看到的文化符号本身就是经过历史选择的，故才能让今天的中华民族有着集体的认同感。符号（symbol）本身并不会在同种文化下的不同领域之间分化，只有在不同文化背景下才会呈现出不同的形式。中国传统文化符号种类繁多，一般来说，可分为以下三种。

第一种是人的精神层面产生的图腾、图案、学说，中国最典型的文化符号有中国龙、阴阳八卦图、中医。这些诞生于生产力极不发达的古代的符号时常出现在工艺美术品上。

第二种则是通过工艺美术品、建筑等实物所展现出来的最能够代表中华民族心理特征和精神特质的形象、图案。典型的例子有紫禁城、长城、中国丝绸、民间工艺美术等。

最后一种是中华民族特有的地理风俗演化出来的、具有全民认同感的符号，比如红火的春节、中秋节的月饼、大熊猫等。

事实上在今天的中国，传统文化符号随处可见。从金顶红墙的故宫到随处可见的中国结，从江南的白墙灰瓦到餐桌上的大闸蟹，文化符号存在于我们生活的每一个角落。然而，在现代设计中应用这种无处不在的符号，让中国传统影响下的设计在当代国际化的语境下获得认同，还是需要设计师、理论研究者的努力才能真正实现的。当今的许多冠以“传统”设计的建筑和产品，实际上却是简单地将传统标签加于现代设计之上的作品。其中一些或许在一定时期内满足了国人的自信心，但大多作品却只能贻笑大方。

目前在国内的设计中，对传统符号的借鉴已经不再是新鲜的事情。从建筑设计到工业设计、平面设计，冠以“中国风”“唐韵”“汉风”等字眼的设计品随处可见。但它们中的大多数，在笔者看来，“只得其形，未得其神”。其主要存在的问题有以下三个方面。

其一，现代建筑设计对传统文化符号形式的简单借鉴使设计浮于表面。

现代建筑设计中，由于人们对传统文化的觉醒和重视，越来越多的设计作品和产品开始强调自己的文化属性，试图通过一些传统文化符号的应用来增加作品的文化意义。可是，多数设计只是简单地在原本的西式设计之上加一个中国传统的“帽子”或者其他标识。于是我们看到了长安街上成群的带着“大屋顶”的建筑，看到了装饰设计中滥用的中国结、双喜符号。这不是融入现代建筑设计的传

统文化符号，而是浮于现代设计上的一层表皮。

其二，对传统文化符号应用简单，对功能布局等未考虑传统文化之精髓，或者未考虑综合环境而做出孤立设计。

中国传统文化的精髓是“天人合一”。各种尊重自然、提倡人性化的传统设计需要被借鉴到当下的设计中来。借鉴传统设计，重要的是实现形式和功能的完美结合。传统设计之所以为后人传颂，就是因为那些形式功能完美统一的不朽作品（如汉长信宫灯、五代青釉提梁倒灌壶等精品）完全可以给我们更深的启示。在现代科技的条件下，传统艺术和科技应会有更加完美的结合。对于建筑来讲，其周边的环境是可以直接决定其风貌及和谐程度的。一个具有现代中国文化特质的城市，需要的不是一条街上盖几座传统的房子或者是建设几条古文化街这么简单，而应从城市规划开始，就必须更加全面地考虑传统文化的影响。

其三，完全对古代建筑进行复制而不加改变。

传统精神需要在我们的时代宣扬，传统意境也需要在我们的时代营造。应用传统设计文化的目的是为了宣扬我们的传统精神和意境。而在当今条件下，由于技术条件的提高、人们审美观点和消费观念的巨大变化以及生活节奏的急剧加快，原样照搬的设计和产品往往不能满足个性化的需求甚至基本的功能需求。

二、传统文化符号的转译内容

从英国工艺美术运动起，以西方为主导的现代设计经历了新艺术运动、包豪斯和现代主义运动，已经把功能主义和形式美感发展到了一定的高度。对此，世界上任何一个国家都无法否认。前面我们说过，中国传统设计文化的应用是为了民族精神的宣扬，是为了增强我们的民族认同感。同样，我们希望今天的现代设计能从中国传统设计中得到另外的启示。中国曾经在数千年内深深地影响世界，在未来也必然会影响着世界。现代设计如若缺失了中国传统文化的介入，必然不完整。事实上，在西方现代设计形成伊始，欧洲的设计师们早就开始从东方的日本和中国寻求设计的灵感元素。现代人生活的快节奏让人们可能在一段时间内适应和接受了现代设计极简的风格。但人们不断变化发展的审美观念随着后工业时代的到来对设计提出了更高的要求。而对于中国的设计师来讲，则更应该赋予现代设计更加意味深邃、充满意境的中国精神。

传统文化符号种类众多，特点各不相同。我们说过，反对对传统文化符号进行简单借鉴和复制。那么为了真正展现中国传统文化的精神，必然要对已存的文化符号进行转译，使之适合当代设计的总体风格和功能性的要求。转译的过程应该是形式和功能双方面的。

中国人之所以欣赏苏州园林、汝窑钧窑，根本原因在于经过几千年文化的浸润，人们早已形成了对其外观形式的认同。所以说，对传统设计形象的现代化过程实则最为重要。无论是传统建筑，还是古代器物或者工艺美术图案，传神之处在于其基本特征形象，实际上都可以一笔勾出。比如北京天坛的外轮廓线、太极图案等，都可以以最简单的线条来完成形象的表现和识别。当然，转译传统文化符号的要求远不是简单化这一点，而是需要对传统文化形象进行历史维度的文化意义的注入。从传统文化符号中提取的形象必须满足大众情感和文化意义的需求，避免从无意义的抽象符号去建构设计的造型。对于传统形象符号的形象转译，主要方法有以下几种。

（一）形象的概括

对于繁碎的传统文化符号，对其进行整体的形象把握，利用简单形状来概括，表达出传统的形象即可，这是我们最常用的借鉴传统的方式，但这个“以形取意”的过程还是要求在概括工作中提取最能反映民族精神、拥有最高认知度的元素。被概括出的形象应用在现代建筑设计中往往有着非同凡响的效果。上海陆家嘴矗立的高层写字楼金茂大厦（图 3-1）正是对古代佛教建筑中最为重要的塔造型做了必要的概括，成为传统造型和现代功能相结合的经典建筑。我们可能未必在日常生活中很容易地感受到这样的传统造型的魅力，但我们观察由陆家嘴高层建筑群形成的天际线之时，还是可以一眼就辨识出这座卓越的塔造型建筑，感受到它给我们带来的亲切感。

（二）空间布局的借鉴

传统文化符号不仅仅是那些不朽的“中国形象”，同样包含了中国人一直以来对“天、地、人”关系的思考，比如中国传统建筑——园林对空间的理解，山水画、书法、篆刻印章中在方寸之地的留白、虚实、对比，无不反映了中国人对于自然的思考、对“天人合一”原则的尊崇。非常典型的例子就是中国江南古典园林的常用布局特点。江南园林在布局上既不追求“一正两厢”的传统民居样式，更不追求西方严格的轴对称形式，看似没有规律可循。但观者一旦深入园林其中，必然感受到处处胜景之美妙。这当然不是偶然的，而是造园者匠心独具、反复推敲的结果。寓必然于偶然之中，正是传统文化对于空间布局的深刻理解。现代人对于形式美的追求恰恰从现代主义盛行时“对于规则、标准的追求”转向更加个性化的需求。当代设计借鉴传统空间布局，正得其时。

图 3-1 金茂大厦

事实上，如果我们用现代建筑理论或者景观设计理论来考察中国传统建筑，尤其是考察中国古代园林的时候，我们对这种必然性的理解可以上升到理论的层面。彭一刚先生在《中国古典园林分析》一书中对古典园林的空间布局和建筑特点进行了深入细致的总结和理论分析。彭先生所提出的布局要点，如内向与外向、看与被看、藏与露、疏与密、虚与实、渗透与层次等，实际上是渗透在古代造园者骨子里的技能。在一段时期我们的建筑师面临的主要问题或者说设计的主要追求并非是意境的营造，而是如何让落后的中国迅速成为拥有“楼上楼下，电灯电话”的现代化国家。曾经在 20 世纪 50 年代初期，我们的建筑界流行过传统复古主义的热潮，也曾经一度在建筑上加盖起“大屋顶”（仿照传统样式所建的屋顶，常为改良过的“十二脊”屋顶）。但如今的中国，面临的问题已经不同。我们在前面讲过即将到来的中国文化复兴，必然引导着建筑师们认真思索关于传统建筑设计思想回归的问题。可喜的是，我们在很多商业建筑中看到了这种回归的发生。比如在万科第五园（图 3-2，图 3-3）的建筑和景观设计上，我们可以看到非常成功的例子。第五园对于建筑的空间布局模仿了中国传统村落的形态，实行了非几何式的规划布局。对于小区内部的空间处理，强调了“院”的作用，用院落构成了“村落”的基本单元，利用院落的组合形成了怡人的尺度和富有人情味的空间。

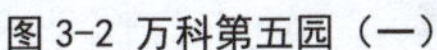
图 3-2 万科第五园（一）

图 3-3 万科第五园（二）

（三）中国传统造物精神的体现

中国的传统造物精神在《考工记》《天工开物》等著作中有着清晰的体现，主要包括强调设计主体（设计者）的重要性、强调设计分工、强调规范化的设计方法、强调“和谐”的设计观，而这些原则最后还是归结到“天人合一”之上。“合此四者，然后可以为良”，此句中的“合”不仅仅是“集合、凑齐”之意，还是要让“天有时、地有气、材有美、工有巧”这些设计原则发生和谐的相互渗透和作用，从而完成对“良”品的追求。现代设计要从根本上完成中国特色的转变，必须深刻理解传统设计背后的造物精神。现代设计中的人性化体现更可以从传统造物精神中得到借鉴。

一个“合四者为良”的例子就是位于台北市的 101 大楼（图 3-4）。台北 101 大楼具有多节式的外观，并以高科技巨型结构确保防灾防风。每八层形成一组自主构成的空间，自然化解了高层建筑引起的气流对地面造成的风场效应，通过设计绿化植栽区的区隔，确保行人的安全与建筑的舒适性。大楼造型宛若劲竹节节高升、柔韧有余，象征“生生不息”的中国传统建筑意涵。高科技材质及创意照明系统营造出视觉穿透效果，与周遭环境相融合。

图 3-4 台北 101 大楼

除了对人性化的关注之外，传统造物精神中体现了现代设计中的功能化、反装饰化原则。《老子》中有言：“曲则全、枉则直、洼则盈、敝则新、少则得、多则惑。”虽然这些理论和现代主义中的“少即是多”“装饰即罪恶”并非同一意义，但它反映出的“处其实，不居其华”的观念仍然对中国现代设计启示良多。对传统造物精神的尊重同样也是对现代功能设计的遵循。

台中路思义教堂就是一个将传统文化和现代主义完美结合的典型建筑。在现代主义时代，西方所建教堂往往逐渐被简化为三角形，作为信仰建筑的象征（图 3-5，台中路思义教堂外部）。其始作俑者也许是弗兰克·莱特在威斯康星设计的小教堂，他用东方的双手合十、掌部略张开所形成的三角形来说明形式的意义。可是建在中国土地上的基督教堂，必须融合东方的精神。1956 年在贝聿铭提出砖砌的圆拱造型构想之后，建筑师陈其宽考虑了台湾多地震的实际情况，后决定采用双曲面的薄壳建筑形式。教堂为了采光及明确表现结构，四片曲面完全分离，类似倒置的船底，其上小下大的形状给人一种稳定的感觉，在对抗风力与地震力时甚为有力。由于屋脊部分分开，便有天窗出现，具有"一线天"的意涵。中部边窗射入的光线给教堂添增了一份神秘感。为使前后曲面会于屋脊部分之结构易于处理，于是后部二曲面高于前部，呈重叠状，后部高出之部分恰为内部教堂之地位，外观足以表现其内部的重要性（图 3-6，台中路思义教堂内部）。对于建筑形式中的中国传统符号，陈其宽先生本人曾经这样表示："至于教堂之形式，因思泰西各国、各时代之宗教建筑，无不殚精竭智，传当时之人力、智力、物力以赴；及其成，冶当时文化于一炉，虽历千百年，后人瞻仰，当时情景可反映无遗。是以东海教堂，亦必以此为鹄的，期能在此建筑中，反映吾国之文化传统，揭示基督博爱牺牲之旨意，且兼具此时代之创造能力与精神。双曲面所形成之屋檐曲线极具美感，与中国建筑中屋檐反宇之曲线趣味相吻合。教堂屋面外部用瓷砖，其色泽曾考虑中国建筑传统所用屋面色泽：蓝、绿、黄三种。蓝绿二色，亦与天空及绿树相混淆，加以色重，必吸收大量辐射热；黄色则反是，且富有吾国宗教建筑传统，因遂采用。"

图 3-5 台中路思义教堂外部

图 3-6 台中路思义教堂内部

（四）中国传统造物基本方法论的体现

西方建立起来的哲学和科学体系统治世界逾两百年。不可否认，工业革命后的世界在科学技术的强力推动下，进入了人类历史上最为辉煌的时代。我们对于科学的概念也是根据欧几里得、牛顿、笛卡尔等科学家所建立起来的严格的知识体系形成的。但英国人狄更斯曾经在《双城记》中提出过这样的质疑："这是最好的时代，也是最坏的时代。"我们不妨这样来理解这句话：西方国家建立的知识体系并不是人类文明的唯一，当西方科技发展到顶峰之时，它所暴露出的问题就愈加严重。在东方，我们的祖先事实上通过实践而非公式演算的方式发展了中国自己的知识系统，权且称它为"中国传统科学"。中国传统科学在今天看来，或者说在以西方科学体系为主的观念下看来，相似于西方科学的部分我们"引以为傲"，相悖于西方科学的部分我们往往不屑一顾。

且不说中医对于人的五脏六腑的诠释、祖冲之对于圆周率的精确推算，单单在中国古代建筑设计和城市规划中，就有着很多由无数实践经验建立起来的理论和规范。比如《考工记》中所述："夏后氏世室，堂修二七，广四修一，五室，三四步，四三尺，九阶，四旁两夹，窗，白盛，门堂三之二，室三之一。"这就清晰明确地标识了建筑的基本模数和比例。至明代之时，中国的生产力已经发生了重大的变革，生产关系也在不知不觉中发生了种种变化。历史当然不存在假设，但倘若真无甲申之变，日后世界之格局也必然不同。这种假设并非毫无意义，只是欲从另一个角度去理解人类文化的发展和走向。

第四章　现代室内设计的传统意蕴

第一节　传统空间理论与观念的借鉴

一、“有生于无”的空间建构理论

“埏埴以为器，当其无，有器之用。凿户牖以为室，当其无，有室之用。故有之以为利，无之以为用”（《道德经》）用形象化的描述说明了空间中的实体和空无、存在与功用相互辩证且统一的关系。从空间的意义上来说，利用陶土做器具，器具中有空的地方，才使得器具发挥作用。搭建房屋时在四周墙壁上开凿门窗，室内又有空无的部分，生成了空间。我们知道，房屋可以供我们生活起居，于是就投资巨大的人力和物力去建造它，却忽略了真正被人使用的正是那部分没有任何投入的空间。老庄（老子、庄子）的传统文化思想对很多空间环境下的建筑设计、室内设计等都有着极其重要的指导作用。不只是中国设计师，很多西方设计师也从这种辩证哲学中获益良多。

传统室内空间平面布局基于“一明两暗”制式（也称作“一堂两内”，是一种三开间的平面形式）（图 4-1，四合院平面图）。传统房屋以“间”为单元，对“间”的解释是四根柱子组成的空间或两榀梁架之间的空间。在成熟的官式建筑中开间取奇数，并以九开间为最高规格。“间”的合理搭配能有效地组织内部空间，划分私密与公共的区域以满足使用需求，有利于室内的通风和采光。

二、“唯变所适”的空间连接原则

“唯变所适”（《周易・系辞下》）体现出了中国传统的辩证发展的文化思想。宇宙间万物以生生不息的运动规律变化与发展着。万事万物环环相扣、相互依存、互相推进，以无限循环的轨迹呈现出来。

“穷则变，变则通，通则久”的传统文化也在空间的连接形式中表现出来。彭一刚教授在《建筑空间组合论》中指出："空间序列组织实际上就是综合运用对比、重复、过渡、衔接、引导等一系列空间处理手法，把个别的、独立的空间组织成为一个有秩序、有变化、统一完整的空间集群。"[1]传统的室内空间层次分明，且空间之间连接流畅。以有限空间表达无限的精神内涵，将空间进行不同层次的划分，感知有限空间中不同景致的连续性、多样性，使精神获得丰富的体验。

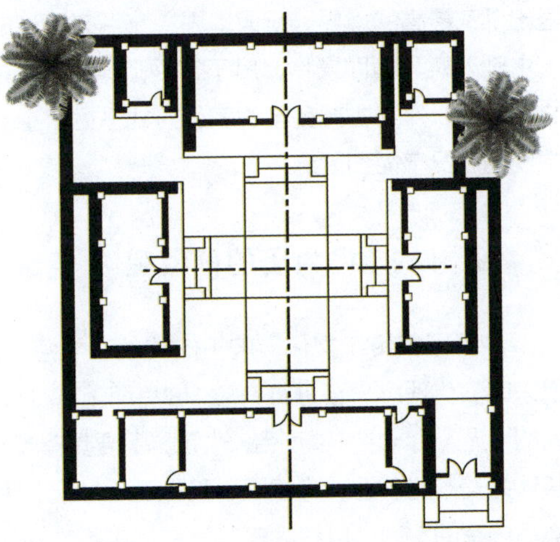

图 4-1 四合院平面图

传统文化中的美学体现在民族建筑外部以及内部的空间变化之中。建筑中对称、秩序等空间组织手法也深受传统文化的影响。建筑内部相互的连接、过渡、转接等丰富的序列形式，使得空间错落有致且层次分明，展现了空间组合灵活变化的韵律之美，同时也呈现了传统审美观的多样性。例如典型的北方四合院串联各种内外空间，纵向的序列排列展现空间之美（图 4-2，北方四合院鸟瞰图）。进入四合院的大门，穿过第二道垂花门，途经抄手游廊，最后才能进入正房。在正屋中搭配明厅与暗房，屋中设有前罩后炕，充分利用了使用者在四合院空间中客观移动的事实，有意识地排列空间，有目的地组织空间，以增强对比效果。这些过程被程序化，通过时间、空间的因素，使得静态的三维实体生成动态的四维感受。

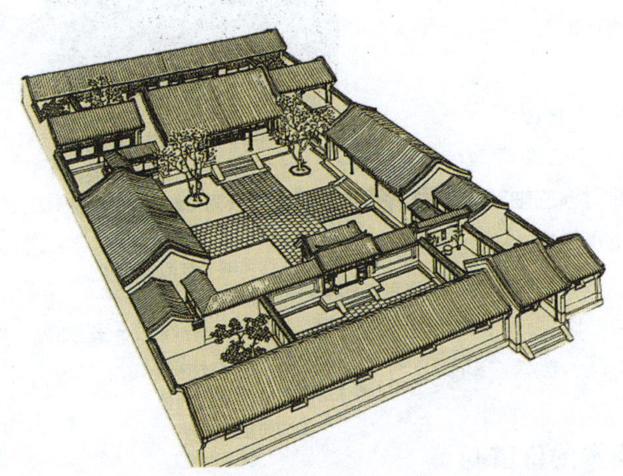

图 4-2 北方四合院鸟瞰图

三、中国传统室内空间的美学意境

中华民族的传统美学思想依托于中国传统文化理论，而意境作为基于自身的文化底蕴，是对环境的个人感知。彭一刚教授在《中国古典园林分析》中对意境做了如此描述："意境一说最早可以追溯到佛经。佛家认为：'能知是智，所知是境，智来冥境，得玄即真'。这就是说凭着人的智能可以

1 彭一刚：《建筑空间组合论》，北京：中国建筑工业出版社，1998。

悟出佛家最高的境界。所谓境界，和后来所说的意境其实是一个意思。按字面来理解，意即意象，属于主观范畴；境即景物，属于客观范畴。”[1] 中华民族传统意境拥有着极其丰富的美学意义及多样的文化价值，作为古典美学的表达方式占据了重要的地位。传统室内的情景交融使得客观的物象之美与主观的心灵感悟和谐统一。

四、以“和”为美的价值观

中华民族传统文化影响下的传统美学意境主要表达“整体”思维，“以和为美”便是具体表现出来的文化理念。在进行有意识的审美创造时，要注重其整体性——“和”而不“分”，正像古人崇尚的“天人合一”“情境合一”那样，要具备整体的和谐发展之美。中国传统室内空间始终致力于“以整体为美”的创造，将墙面、天花板、地面、家具、艺术摆设看作一个有机的整体（图 4-3，故宫后殿室内空间）。“以和为美”就是把丰富性视为美，以多样性的变化展现整体的秩序之美。

以下三种形式，能够在空间中体现出“和”的美学意境。

图 4-3 故宫后殿室内空间

一是和谐，和谐是对矛盾关系的调和，使形体、色彩、体积等方面的差异在整体关系中实现统一。在形式满足基本功用的情况下，使组成室内空间的形、色、光、质等各种条件得到整合协调，和谐统一地成为整体。和谐含有协调之意，可以使人有安定、舒适之感。

二是对称，对称是一种静态形式感，以整齐的画面感展现。中心通常是一定的轴或点，其他的各面随对称的轴或点以等间距的态势均衡构成。对称给人以秩序、庄重、整齐之感。

三是均衡，均衡也可以表达为均匀整齐，是事物处于对等的状态，即形式相同、分量对等。它秩序感明显，通过统一的规划，使人感受到一种庄重、稳定的环境感应。均衡也可以作为表现异形同量或等量不等形的态势，以保障其中心焦点为原则，其特征是倾向于变换的。均衡与对称形式相比，突出了活跃、灵活、协调、优美之韵味。

五、以“人”为本的价值观

中国的传统文化把宇宙看成天、地、人这三部分组成，人作为能动的主体，其实践活动直接对自然的变化及社会的发展产生作用。“人本主义”是中华民族传统文化的基本属性，从关系中探讨一切，把人看作群体的分子，而不是一个独立体。每个人都是他所属关系的派生物，通过把仁爱、礼法、责任、包容、义务、贡献等归为个体的认知，从而同群体息息相关。

传统室内空间是在以人为本的前提下，考虑到人在其中的尺度、温度、体量、材质、色彩等多方面因素，满足各种功能的需求，适应经济、适用、美观的三大原则，发挥不同的形式特征来进行情

1　彭一刚：《中国古典园林分析》，北京：中国建筑工业出版社，1986。

感的表达和意境的营造。

儒家传统思想重“礼”的特性塑造出中国传统建筑的品格。儒家以“礼”来建立个体与万物的关系，这种注重伦理和尊卑关系的社会制度在空间营造过程中的体现突出地表现为空间组织及主轴对称原则。中国古代封建社会通过建筑形式划分人的不同等级，用来维系封建制度的阶层秩序（图 4-4，故宫正殿）。传统建筑空间在开间数、进深度、屋顶样式及颜色装饰上均严格地划分出不同的使用等级。空间营造过程中的审美体验将人们的情绪自觉地融进维系社会的政治伦理的纽带中。基于“和乐”的人本思想的环境观在空间营造方面要求空间环境反映出对“礼”的维护和再现。在以道德为本体的人性观中，传统室内空间的形式等级差异也对应建筑的等级，建筑及室内空间就可以表现出使用者在社会中的地位。

图 4-4 故宫正殿

在儒家颂扬的“君臣父子”的礼治社会秩序中，“仁者爱人”的人道主义思想也占有重要地位。“仁学”的目的在于强调人与社会环境和谐统一、与自然和睦共处，提倡“以和为贵”，“簇群”的空间原则因此构成。中国社会的价值观结构决定了一个结构关系中的群体存在的重要性远超于单一个体的存在方式。在传统建筑构成中，建筑群空间由多个单体建筑空间有机组成，因此传统建筑单体空间不追求巨大的空间体量，而以相对较小的空间体量通过“簇群”原则连接构成庞大的建筑群组。

传统空间都具有相对应的空间框架结构和空间文化内涵，因而单体空间的建构与空间氛围统一于建筑群的整体精神要求。多层次的室内空间构成室内环境——生产所需空间层次、生活所用的空间层次以及精神情感的空间层次。北方四合院式民居样式便符合了此空间构成原则。四合院的总体布局严谨、结构明确，前后端房屋是通过南北轴贯穿的正方形建筑群，位于建筑中心的庭院是四合院的核心部分。在方位定制和建筑序列方面，居中的正堂体现了空间精神，室内空间中的左右厢房层次体现了中国传统文化中的等级原则，其中蕴含的“天”与“地”是重要的精神文化。在划分传统建筑室内的空间层次上，厅堂是蕴含精神文明的实体空间，各个部分在结构对称的排列组合下形成方位感与序列感，使人对其产生强大的精神共鸣。

六、以“自然”为道的价值观

《道德经》里阐述了古代人“天人合一”的宇宙观，展现了一种高远的审美境界。人与自然之间的最高境界是合二为一、不可分割，即“天人合一”。中国传统文化影响下的审美价值观认为“自然”是有感情与生命的必然存在。道家以“无为”作主张，追求自然与人的合二为一，要求人清心寡欲。道家思想影响下的室内空间以呈现物体自然特征为理念，整体空间感受质朴素雅，空间品性清静谦和。传统室内空间用虚实围合的形式彰显环境意境之美。“天道与人道间，天人相通，精气相贯”（《老子章句》），室内空间在道家文化影响下创造出众多虚实的意境美，空间结构相互交错、穿插，引入室外景观，活跃室内空间气氛，运用古典园林造景、借景的手法，使空间增强流动感，增加开阔感。道家的文化在室内装饰表现上突出诗情画意的意境，与山水自然相交融，营造出空灵的心境。

第二节 传统风格的营建

习近平主席谈到“中国传统文化”时曾讲道:“要讲清楚中华优秀传统文化的历史渊源、发展脉络、基本走向，讲清楚中华文化的独特创造、价值理念、鲜明特色，增强文化自信和价值观自信。”[1] 中国是一个重视文明发展的国家，历史所传承下来的思想品质、伦理法制、民风民俗、艺术修养等，是中华民族几千年文化的沉积，对于当代艺术创造有着极其深远的指导价值。现如今设计师们所注重的中式风格是一个重视延续历史、着重体现民族性、将中华民族传统文化内涵融入的地域化设计风格。现代中式风格结合了中西文化，以中国传统思想为指导，“古为今用”以满足现代生活需求，这是对中国传统文化的传颂，结合现代的情韵演绎出传统与现代的完美交融。在当代室内设计作品中呈现中华民族传统的文化精髓则是中国室内设计师的光荣使命。

一、传统风格室内设计与现代科学技术的协调

室内设计是对科学文化和审美艺术、生理需求和心理要求、物质基础和精神层面的统筹和协调。中国传统文化中“天人合一”的主张的重点在于人与自然的交融，它也蕴含了室内空间设计的理念——人与环境的相互作用。现今中国处在全球化的大环境中，可持续发展是世界各国共同面对的重要主题，同时科技进步的“绿色设计”概念与中国传统价值观一脉相承。室内绿色设计是重要的指导思想，一方面依靠高新技术支持，在室内使用绿色环保的装修材料和安全的环境系统；另一方面是创造生态空间，以空间自身节能环保为基础，并运用大量绿化手段，使空间系统自我调节。

在现代室内设计中，我们一方面要重视现代科学技术的应用，另一方面也不能忽视艺术的指导作用，以传统文化为依据，在现代空间中将传统美学原理与现代物质技术手段协调搭配运用，构建出具有艺术感染力和文化内涵表现力的室内中式环境风格，提倡现代设计“高科技与高情感”的理念；在继承传统文化思想精髓的同时，使人们在快节奏的现代社会生活中得到心理上和精神上的慰藉。

1　中共中央宣传部:《习近平总书记系列重要讲话读本》，北京：学习出版社，人民出版社，2014，第 100 页。

二、传统风格室内的空间与秩序

空间与结构是互相依存的关联状态，没有结构体的支撑与围挡，就无法满足使用者对空间的使用功能需求；同样，没有空间的界定，结构也就没有了表现的价值。彭一刚教授在《建筑空间组合论》中指出："具体地讲围隔的空间必须具有确定的量（大小、容量）、确定的形（形状）和确定的质（能避风雨、御寒暑，具有适当的采光通风条件）；就后一种要求而言，则是要求这种围合符合于美的法则——具有统一和谐又富有变化的形式或艺术表现力。"[1]现代的社会形态使得室内空间要满足丰富多彩的生活需求，对传统空间的继承不能只做表面功夫和单纯形式上的照搬。要从平面的归纳布局、空间的特性组织上用整体角度思考。以空间流动性为基础，选取具有代表性的传统元素符号点缀，同现代室内空间结构和功能紧密结合。

常用的中国传统室内空间划分元素多种多样，如屏风、隔扇、博古架、门窗、花罩等室内构件。

窗是建筑功能空间的必要性构成元素。一方面它的设置可以使室内拥有良好的通风、采光，提高了室内物理环境的舒适性；另一方面中国传统艺术附加给了窗元素各种各样的美学形式，各式各样的棂格本身就是一种艺术品，用它点缀的室内空间具有灵秀典雅之美。

隔扇是中国特色建筑空间中的构件元素。隔扇通常由上端的隔心部分、下端的裙板部分及中段的绦环板连接组成。它在传统室内空间中可以兼顾墙、门及窗的功用，常被排布在室内立面的视觉中心位置，所以隔扇的装饰性演绎是不容小觑的。各式各样的窗棂构件位于上端的隔心，所以通透、灵活并且开启自如的空间处理方式，在传统室内空间里被大量运用。

落地花罩作为木雕花罩的一种表现样式，用于传统建筑空间的内檐装修，有传统室内空间的区域划分的功用，是一种室内空间装饰设计手法。罩子种类繁多，华丽的纹饰雕刻、有吉祥寓意的题材图案，堪称传统室内空间结构里的艺术佳品。作为划分室内空间的传统构件元素众多且具有功能性的特征，它用来划分空间的同时也兼具装饰性，可以很好地传承中国传统美学的意境。

在室内设计中，我们通常以可视元素"墙、顶、地"来界定室内环境，但往往我们不可观的空间才是设计的重点。一个有内涵的室内空间多是由复杂的空间元素组合而成，通过结构元素合理界定，在交通动线的连续性中体现出来。中国传统文化追求"包容、和谐"的内在思想，它通过有秩序的空间排布和层层递进的手法逐步将空间引入高潮。这种思想可以反映在室内空间的时间性原则上。"时间性"通过空间动线来表现，动线是对人在空间活动路线上的规划，动线的流畅、连贯、清晰是空间设计的重要目标。

台湾太翊设计的公共门厅作品（图 4-5，公共门厅），从门口庭院、中庭到电梯厅，在社区的公共空间里充分展现了"西式为体、中式为用"的魅力。公共门厅在西方的建筑结构形式中借助中国传统建筑的装饰特征，呈现出人与自然和谐共存的关系，呼应传统文化"天人合一"的精神，在人文与自然交错中，表现出经典的东方意境之美，让使用者享受文化熏陶。

三、传统风格室内结构界面的划分

陆游在《游山西村》中写的那句"柳暗花明又一村"正是对中国人空间意境的美好诠释。中国传统空间美学所体现的伦理价值、信仰文化及价值观念不只关注单一的空间本身，而是通过有秩序且

1　彭一刚：《建筑空间组合论》，北京：中国建筑工业出版社，1998。

图 4-5 公共门厅

和谐的空间叠加方式，构成多样、变化的复合性空间。现代生活空间功能的划分多种多样，对整体空间的视觉效果、细部处理手法、空间之间的相互关系等都需要进行深入的推敲；在空间构图时通过形状体量、比例尺度等的统一协调建立变化有序的空间联系。对于室内空间，流动延伸、穿插交汇的设计是体现室内生命力的关键所在。

传统创作手法对于界面的划分有如下两点值得借鉴。

一是借景、对景，扩充空间。在中国传统艺术创作理论中，古典园林的营造法式可以应用到众多方面，其中设计手法“因地制宜、顺应自然发展；以山水为主、双重结构表达；有法无式、重点在于对比；巧设借景与对景、引申空间”更是广为流传。对于现代室内设计，可以巧用借景、框景、对景等表现手法，让使用者感受到逐渐进入佳境，步移景换，小中见大的空间变化效果。

著名设计师张永和先生在设计北京京兆尹餐厅室内空间时的处理方式就充分体现了对环境的合理利用（图 4-6，京兆尹餐厅大堂）。该项目地处北京中心城区，地域色彩浓郁，设计师表达的是一个新式四合院空间，所以对周围环境的协调做着重设计。四合院空间的核心元素是“院”，在对如何将两个院子整合在一起的处理上，设计师采用玻璃屋顶的衔接手法，不仅使室内空间引入自然采光显得明亮、通透，也融入蓝天白云、红墙灰瓦的环境景观。运用落地窗的手法对室内立面进行处理，这样做的优点是引入四合院的景象，灰瓦红墙、古树鱼塘的四合院情景鲜活地呈现在人们眼前，活跃了使用者的意境体验。

二是“隔而不断”，增添情趣。在传统建筑室内环境的空间分隔方式中，“断而不断，隔似未隔”颇为著名，广泛地运用在现代室内设计作品之中，为当今室内环境创造神韵，增添传统中式空间风格的情趣。运用富有传统特色的空间装饰结构，如经典的隔物件隔扇、屏风、罩子等可为室内环境划分出层次，实现了空间的流动性。

在成都钓鱼台精品酒店（图 4-7）的接待厅过渡空间设计上，设计师运用了具有“老北京”特色传统物件——鸟笼。鸟笼的圆形体量满足空间使用功能，也散发出独特的中国风情。每个“小笼子”相互连接，也相对独立，将个体和整体的串联关系把握得恰到好处，同时增加了情景化演绎，让置身其中的使用者感受到好像变成了一只小鸟的精神体验，增添了空间情趣，使人印象深刻。

图 4-6 京兆尹餐厅大堂

图 4-7 成都钓鱼台精品酒店

四、传统材料协调搭配

“诗仙”李白的诗词是对中国封建社会的写实，《经乱离后天恩流夜郎忆旧游书怀赠江夏韦太守良宰》中那句“清水出芙蓉，天然去雕饰”是对传统社会崇尚的材料及工艺手法的诗意解析，对于这句诗的大概意思可解释为，在清澈的水塘中生长的芙蓉花天然纯朴、清新自然，没有外来的雕刻装点，表明了对单纯质朴的欣赏。这种崇尚天然、无人工添加的情怀也符和道家理论“道法自然”的美学思想。传统室内工艺重在材料的选用上，木材自然的表面肌理与光泽的和谐，配合匠心巧思，使得室内物件的衔接流畅自然，在品相上肌理清秀、色泽高雅、洁净柔和。在现代室内设计中，这种自然材质的选用完全不会显得过时，反而给现代空间增添了清新雅致的质感。

著名设计师张永和先生设计北京京兆尹餐厅的室内空间时，对天然材料精挑细选。结合北京传统四合院民居的特征，选择木料、砖石、瓦片等典型材料，对它们采用特殊手法拼接组合，如用砖瓦叠涩的传统工艺制作出来的隔墙（图 4-8，京兆尹隔墙纹样），简约素雅，富有地域特征，巧妙地表达了传统与现代的结合及共生。

“君子和而不同”（《论语・子路》），“和”在中国传统思想里是一个非常重要的观点，它是指

图 4-8 京兆尹隔墙纹样

虽然有所差别但相互和睦交融，是多样性的统一。不同于古代的材料缺乏、技术落后，现代科学技术的发展提供了丰富的材料可供选择。不同的材料给人带来不同的观感、触感及心理感受。堆砌的石材表现得凝重且坚固，铸造的金属显得华丽而高贵，而编织的面料给人以柔和且温暖的感觉。材料的丰富和工艺技法的发展扩充了设计师选择的自由度，激发了创作的灵感。优秀的设计通过材料表达传统和现代在空间中的统一，新材料、新工艺与传统文化之间的碰撞、融合，带给观者重新审视传统文化的新鲜体验。

现代的室内设计高度重视材料的环保性、工法的科学性及艺术性，使其相互协调，需要当代设计师的创新精神。如成都钓鱼台精品酒店俱乐部（图 4-9）的会客厅设计采用传统木质顶面天花及灯饰，以线条流畅的木质板材茶几搭配硬朗的皮质沙发，在柔软的绿色地毯的映衬下，呈现出环境的舒适性与时代感，是中国传统的典雅意境的现代演绎。

图 4-9 成都钓鱼台精品酒店俱乐部

五、光影与色彩“虚实相生”

“万物负阴而抱阳，充气以为和。”（《道德经》）万事万物向阳而长，阳光、光明是对“阳”的解释，也是对“光”的诠释。光是表现空间物体色彩、形态、质感的主宰元素，没有光，所有观感都不复存在。“光”的表现多种多样，照度的强弱、光色的冷暖、照明的手段等产生的光影效果都能制造截然不同的室内气氛。同样采光方式的不同也会使室内光环境有明暗、色度、层次的变化。光可以形成空间质感，这种环境氛围能诱发使用者的情绪响应和心理反应。

色彩通常被科学地解释为：“色彩来源于眼睛对光反馈的视觉效应；但其并不是单一的感知，它的产生是通过眼睛、大脑以及人们日常生活的经验共同作用的。”光是人们对颜色感知的必要性条件，但并不是决定性因素。光源、眼睛、物质自身的特质三者之间所构成的关系产生了色彩，由此可知，色彩的生成是由物体本身的物理属性配合光的照度共同决定的。而色彩带给人们的不只是视觉的反馈，还有由视觉感知而引起的内在情感的反应。

在设计作品时设计师可以通过丰富的色彩展现创造力。颜色在室内设计中的合理应用能有效引起空间使用者的情感共鸣。色彩的物理属性可以从视觉角度来分析，即色彩分为冷色色调、暖色色调及中性色调。其实色彩的本身并没有温度冷暖的差异，而是人们通过视觉的色彩反馈，结合大脑对以往经验的调和，在心理上产生情感的联想。通常暖色调使人倾向于阳光、火焰等温暖、炙热的情感；

冷色调使人倾向于海洋、冰雪等平静、冷静的情感；而中性色调是种平和的过渡色，配合冷暖色调会产生不同的情感倾向。色彩不只有冷暖色调的情感表达，还可以通过多种方式影响人们对空间环境的心理感知，如色彩纯度的高低、色彩明度的强弱等。设计师也可以通过色相不同的表现特征，给空间环境下定义：如红色给人们热情的环境氛围、黄色给人们活力的环境气氛、蓝色的空间环境可以使人们获得平静等。室内设计师要充分运用色彩的表现力，用色彩引起人们在空间中的情感共鸣，与空间参与者进行心理交流。明白这一点，现代室内设计师通过色彩也可以传递当地风俗、地域特征等多重文化信息。对传统色彩的继承也是当代室内设计师对传统文化有效传播的方式之一。

学者李晓艳曾在学术理论中提道：“艺术的本体里面存在虚体与实体的共同作用，也就是‘实以形见，虚以思进’，二者相互依存，缺少了其中一个都不可能实现。”[1]这种“实”与“虚”相互搭配的原则也呼应了整体与局部的美学设计原则。通过对光感的把握，将光源聚集到“实”的地方着重刻画，对“虚”的部位疏散光源，粗略带过，通过这种主从感受，使人体验到空间的韵律感。空间以虚实关系进行营造，可以调动使用者愉悦放松的审美情趣，这种对空间艺术与心理审美的综合考虑是现代室内设计的关注所在。

坐落于北京的大董餐厅南新仓店（图 4-10 ）的设计师巧妙地通过光环境的运用，勾勒出具有中国传统水墨空间意境的室内设计。中国山水画被印刷在玻璃墙面上，玻璃后安有 LED 照明控制系统，黑色的抛光地砖可以对图像投影，通过先进的灯光技术在室内变换环境色彩，营造出不同的场景变化效果。这种巧妙的空间处理手法把黑与白的色彩发挥到极致，通过超越现实感的空间色彩打造，在虚与实的对比中衬托出水墨艺术的洒脱美感，打造出东方水墨的隽雅意境。

图 4-10 大董餐厅南新仓店

六、色彩选用中的“等级秩序”

在当代室内设计中通过继承传统色彩的文化底蕴给空间赋予某种传统象征意味，这也是传统文化延续的方式之一。中国封建社会等级森严，受政治因素的影响，传统儒家文化对“礼治”的宣扬尤为突出。从传统装饰的色彩应用上来看，红色占有重要的地位，以至于全世界都流传着“中国红”这

1 李晓艳：《实以形见，虚以思进——浅谈中国传统“虚实”观念与室内设计》，载《南京艺术大学学报》，2004（2），第 119 页。

一命名。红色是对中国传统文化的提炼，中国传统价值观历来用红色表达喜庆、幸福、大气，所以在“礼治”思想的制约下，在中国古代社会只有皇家苑囿和宗教庙宇才可以使用红色。现代社会摆脱了思想禁锢，在室内设计中通过红色的运用烘托出室内空间的文化价值。

“红墙黄瓦”是对中国传统建筑的特征描述，黄色同红色地位相同，是代表皇家尊贵的颜色。这种象征着权利的颜色在现代室内空间色彩上也广为应用，“金碧辉煌”就是对奢华空间的描述，通过对传统色彩的借鉴，可以为当代室内设计提供善古融新的情感表达。

中国大饭店（图 4-11）地处北京朝阳区国贸繁华商业中心，作为高端商务酒店接待国内外来访宾客，是首都北京门面的体现。中国大饭店的酒店大堂设计就采用了中国传统皇家设计理念，整体色彩基调雍容华贵、富丽堂皇，震撼视觉。红色的传统柱式配以金色装饰构件组成中国传统色彩中至高无上的皇家等级。中国大饭店用红与黄的传统色彩营造环境以表达对到访客人尊贵身份的敬意。

图 4-11 中国大饭店

第三节 传统装饰元素的延续与创新

室内装饰是室内设计艺术审美价值的重要构成形式之一。中华民族文化源远流长，中国如何做稳做强“文化大国”的地位，是当代世界文化理念交融、科学技术高速发展的道路上值得设计师深刻思考的课题。我们要在当代设计中借鉴中国传统元素使用的手法，并与现代化科学技术相结合，建立具有中国特色的现代化设计创新运用模式。

在延续中国文化传统的同时汲取外来优秀文化滋养，为室内装饰设计提供实践的平台。如果想营造室内空间的中国传统文化气氛，应当从含有中国传统元素的室内装饰物品入手。室内空间装饰品的选用通常来自我们对中国传统美学艺术的深刻理解，将具有传统元素的陈设品融入整体的视觉环境中。它们不仅散发着传统文化的美感，也兼具调整空间功能的力量，使整个空间的文化氛围愈加浓郁。

一、传统元素的解构提炼与重组

中国传统元素在功能性和艺术性的摩擦融合中，显露的是广博深厚的中华民族的文明高度与文化积淀。传统的室内装饰构件表现出结构严密、线形流畅、做工精良、选材讲究、造型雅致、比例舒服、尺寸合理等特征。归纳与提炼是当代设计对传统装饰纹样运用的最根本的变换手段。概括提炼是对传统纹样简化，是对其中蕴含的艺术文化提取升华。将烦冗的元素进行总结归纳与提炼升华建立在把握神韵和理解其蕴含的基础上，删减琐碎的局部，突显传统装饰的整体特征，使传统纹样更为简洁大方，并保持原有纹样的装饰艺术美。

现代设计应从传统装饰元素中概括提炼出“形”的元素，结合现代图形中分割、交错、变换、重组、整合等构成手法，将传统元素中的“形”不断降解、转换，最后将重新构成的图形融合到现代设计创作中，在鲜明的现代感的外形下，兼具传统文化的神韵。

对传统元素的解构手法在现代的家具设计上运用广泛。其把传统元素解构，以保证传统元素纹样的特征为基本前提，根据当代的欣赏美学做恰当的简洁化，变换后再依照创新概念重新整合。传统圈椅、官帽椅的经典样式常被用作模板参照，将其造型元素做形态的创意分解，再与当代椅子形式相整合，可创造出结合传统元素式样的现代作品。吴孝儒创作的“圈凳”就是从中国传统装饰中获得设计灵感，将复杂烦琐的造型进行简化重组，结合两种经典饰样的特色对比（将明代圈椅扶手流畅优雅的线条与现代塑料板凳的率直简约合为一体，同时结合精细的漆艺与简洁座具的混搭设计），使作品拥有中国特有的传统神韵，同时具备现代家具的简约性，在满足工业化制作的同时，又契合现代人追求简洁与便捷的生活理念，从而体现了古为今用的创意构思。

二、装饰元素在现代室内设计中的转化

早在中华人民共和国成立初期，梁思成先生就对新中式风格提出了“‘中而新’是上品，‘西而新’为次，‘中而古’再次，‘西而古’是下品之下”。何为“中而新”是现代中式设计的关注点，“中而新”应该是具有中国地域特征且蕴含中华民族传统文化的当代设计作品。

中国人对于中式风格的归属感源于骨子里与生俱来的地域情怀。在当代社会中，室内设计的立足点是“以人文本”，一个好的室内环境的营造要通过生理需要和心理需求共同作用，室内设计手段也要满足现代社会的功能性、科学性、文化性、艺术性、创新性等众多原则。以“中而新”为指导思想，以创新民族传统装饰元素的应用实践为途径，可以有效建构当代中式室内设计风格。通过传统元素在当代室内设计中的美学思想传播，利用现代科学技术我们可创造出满足现代人生活需要的“中国特色”的空间意境。

（一）传统元素转化模式——言简意赅

中国传统装饰元素是传统美学的一个切入点，它由悠久的中华文明所孕育，久经历史长河的洗礼，又受到西方文化的冲击，不仅没有磨灭，反而吸引了全世界的目光。设计师应以中华民族传统文化为基础，对传统审美理念深入领悟，借助现代科技手段，通过对形态、装饰、尺寸、功用等方面的再设计，重新赋予传统形式新生命。中国经典的装饰元素也被外国设计师所青睐，创造出举世闻名的设计作品。中国传统家具造型简约、结构精简，在现代家具设计的应用上起到了指引的作用。

西方设计师汉斯·瓦格纳（Hans Wegner）的现代家具创作原型就源自中国明代家具的形

式（图 4-12，汉斯·瓦格纳椅子）。他对中国家具中的传统工艺、选材用料、结构比例等进行了深入的分析，将典雅与精巧和谐地融入自己的作品之中。汉斯·瓦格纳把握了中国圈椅的精神实质，比如明快的几何形体和简约的设计、高品质的手工技法、集中的装饰原则和优雅的线形等。借由对形态、功用的考究，汉斯·瓦格纳将实木构件转化成精致的曲折流线，他设计的新式座椅得到了世界的认可，这对中国传统家具元素的延续与传播有着极其重要的影响。

图 4-12 汉斯·瓦格纳椅子

（二）传统元素创新模式——质变形存

质感是材料外观对人内心感受的反馈，是材质组织构造的外在展现形式。中国传统美学思想中的“崇尚自然”在材料上体现为对木材的使用。木材创造出各种各样挺拔的形式美、雅致的色彩美和润泽的质地美。随着当代科学的不断发展，工艺技术日趋先进，人们创造出丰富多样的新材料，室内装饰材料不仅有木材、石材，还有金属、塑料、钢化玻璃等新材料，传统的室内设计装饰元素选用新材料和新技术工艺来表达，在室内设计中不失民族韵味，同时展现特有的时代性。

将中国传统的明式禅椅和西方设计师马歇尔·布劳耶（Marcel Breuer）的瓦西里椅样式对比来看，不难发现它们的样式特征基本相同。不同点在于材质的选择上：禅椅以木材和编藤为料，瓦西里椅则由金属管材和织布构成，但两者都以极少的材料、简约的几何形体架构而成。两者的组织框架不管是形态、比例还是嶙峋的感官都近似（图 4-13，瓦西里椅与禅椅对比图）。座椅减少零碎的装饰元素，依照线性与平面所围合而成的体量来探索，通过简洁的几何形状及其构建出来的空间感来追求视觉上的整体美感。

图 4-13 瓦西里椅与禅椅对比图

在选材上，现代家具不同于传统家具。现代科技使得塑料等各种材料拥有很高的可塑性，配色上也有更多选择。现代家具在工业生产中易于加工，并有更丰富的色彩，使家居空间更加活跃。明式圈椅半弧形的靠背是中国传统家具的特色元素，西方设计师菲利普·斯达克（Philippe Starck）设计的明椅（图 4-14）将传统圈椅的靠背元素提炼出来，选用塑料材质制作，加以黑、白、中国红不同色彩的搭配，使传统元素以崭新面貌呈现在现代家具中，具有中国传统元素的现代塑料家具应运而生。

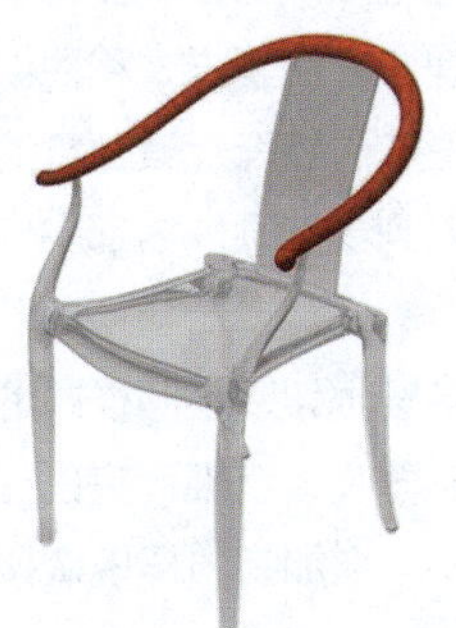

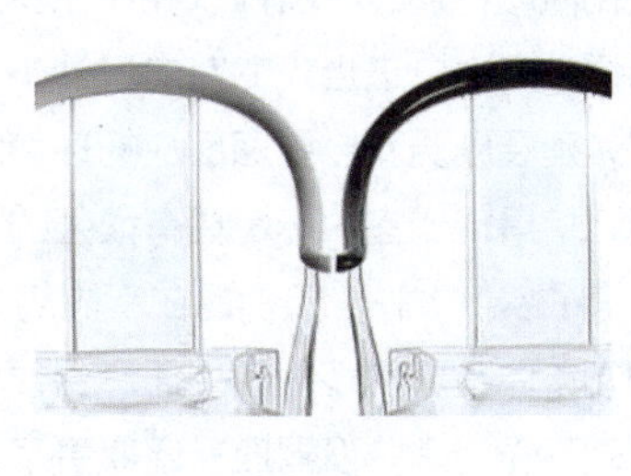

图 4-14 菲利普·斯达克设计的明椅

（三）传统文化神韵传承

传统装饰元素简洁雅致、大气舒展的线形结构，如室内空间装饰构成中直线和曲线的对比、方和圆的对比、中轴线的对称排布，都体现出较强的几何形式美感。将传统装饰元素添加到现代的室内装饰设计中，可使环境氛围简明得体且风格典雅别致，赋予室内空间极高的审美艺术价值。各式线条变化在室内装饰构件轮廓的线形上被生动地运用。简明的直线和婉转的曲线搭配运用，在理性严谨中突出优美婉约的性格表达，两条线的相互呼应体现出较强的节奏韵律感。中国传统美学思想中以“线”的优美形体为创作灵魂的审美特点。中国明式圈椅就是线性审美文化的生动表达，其形态元素以流线为特征，以面为辅助，呈现主次清晰的整体构成。直线刚强正直、曲线圆劲有力，上圆下方的造型美感也体现了中国古代“天圆地方”的哲学思想。

三、传统装饰元素——传统家具

在中国传统文化发展的进程中，家具的造型也随着人类生活方式的改变而演变。中国传统家具拥有优美曲线的外观表现，同时也是对中华民族传统文化美学思想物化和精神意境的形式展现。传统家具是基于中国传统美学文化的审美塑造出来的，它来源于生活中的艺术形态，经由一定的艺术创作手法并结合一定材质造型创造而成。传统家具的独特魅力不单单是它的造型、材质及纹样，更重要的是借由传统元素本身的内涵文化寓意，呈现出它所蕴含的审美气质。

在传统美学文化影响下的家具在造型上使用中轴对称的构成方法，平稳、稳重、规矩的形式姿态彰显正直的气概。在装饰表达上它们广泛选用多样的暗寓图案和吉祥的题材，借以体现人们的祈望和对幸福的诉求。在材料上大量选择木材与石材，并在色彩方面多突出材料自身的颜色，让人有素雅祥和的感受。受传统文化影响，它们在表现形式上都显示出了特定历史时期的民族文化与社会意识形态。

中国传统家具的精美展现在形体的装饰上，丰富的装饰材料运用镶嵌手法协调搭配，使无与伦比的镌刻技法和雕漆工艺技法相互呼应，强化了传统家具的工艺美，让人们对其精巧程度叹为观止。

传统家具的造型并不单一刻板，反而装饰部件弯曲变化丰富，自然材质与自身蕴含的变体相呼应，呈现出各式各样的新颖创意。在封建社会中，传统家具的造型也不可避免地受到政治因素的影响：在家具构件上部采用浑厚、稳重的材质，配合烦琐的装饰工艺，工匠的精细制作凸显出皇家权力的庄重和威严，这种受传统文化影响的家具给后人带来强烈的视觉震撼。

传统家具可作为弘扬文化的重要途径。我们应融合现代人的生活习惯、艺术文化、审美品位，设计出具有传统韵味的现代家具；通过传统家具的现代演绎，在生活中创造出浓郁的地域性韵味和民族文化内涵；通过不断探索现代家具的民族特色底蕴，以传统家具的造物理念、造型样式和民族文化作为切入点，融进当代的室内设计中。现代室内家具摆设通过传统家具的形态、装饰及其蕴含的文化寓意，延展出更新、更深层次的环境意境，并紧密与时代科技相结合，深入到精神领域内部中传承其气韵，使得现代室内环境具有很强的文化性且不失时代感。

博古架（图 4-15）是在室内用来陈列奇珍异宝的木质观赏架。这种多层木架以不同样式的小格分割，整体有序美观，前后通透，便于人们全方位地观赏架子上放置的古玩器物。在现代室内空间，博古架不光用来陈设器皿，还兼具了艺术装饰美感，并可作为隔挡划分空间，增加室内环境情趣。

图 4-15 博古架

四、 传统装饰元素——古玩艺术品

自商周有文字记载以来，对先于本时代的物件赏玩一直就是帝王将相、文人士大夫的爱好。这种习惯也影响到了后来家居的室内装饰艺术。在中国传统社会，那些有学问和社会地位的文人雅士、达官贵人的府邸内墙上都会悬挂传统字画，案几上也会有陶瓷、玉石等作为摆设。“字画古玩”是对中国古代艺术品的统称。古玩，可解释为历史文物，是人类历史文明的缩影，拥有科技史学的文化内涵。目前传承下来的古玩种类多为陶瓷、玉器、书画等艺术品。古玩具有极高的历史性、社会性、人文性、收藏性等价值。在人们生活水平与文化素养都不断提升的现代社会，字画、瓷器、玉器等古玩收藏逐渐被寻常百姓接纳。中国传统艺术品成为一种时尚元素进入室内装饰的设计中，不仅点缀着室内空间，也传播着传统文化。

中国书法艺术享誉世界。书法作为传统艺术，随汉字演变而来，因其书体笔法、字法与墨法的不同，衍生出篆、隶、草、行、楷五种主要书体。观感不同，其表现出的书法艺术的整体韵味也各不相同。

书法艺术重视整体感，受汉字基本字形的限制，兼顾作者意趣的表达，一撇一捺的舒展好似人体形态一样优美灵活。字体构成艺术美，书法艺术遵循比例和谐的创作法则，以均衡、秩序的节奏韵律来体现中国字的部首组合方式。书法的表达无不体现着中国传统美学的特点。

国画是中国画的简称，从内容创作和艺术形式上讲，它是作者对自然及所处时代的政治制度、道德思想、宗教哲学的综合艺术反映。国画大师徐悲鸿以“绝似又绝非像物者的真通”描述了国画的作画手法和所营造出的意境。国画艺术手法丰富、表达对象种类繁多，但都满足了墨色、色彩的和谐秩序性，其重点、渐变、均衡的原则在室内装饰中突出了传统美学的艺术效果。

中国当代室内装饰设计中的古玩字画点缀要达到“雅、精、空”的环境艺术效果。“计白当黑”是书画创作的原理，同时也是室内装饰空间营造的准则。对字画作品的选择要雅，注意其比例尺度和背景的衬托，使其融于室内环境。陶瓷、玉器等收藏品的摆放切忌杂乱无章，摆设上注意与周边的质地和谐搭配，起到室内装饰画龙点睛的作用。

作为中国国粹的水墨艺术，早已经不是简单地以平面二维创作模式出现在人们的日常生活中，它已经化身为中国传统文化元素的代表符号融入当代室内设计的创作作品之中。在北京大董烤鸭工体店（图 4-16）的室内设计中，著名设计师刘道华刻画出了自己对于传统水墨意境的情感表达。整个空间氛围以白色为基调，搭配黑色的地面和零星的装饰点缀，水墨情境就展现在我们眼前。室内运用现代科技，采用水蓝色的发光二极管（LED）进行环境空间光的营造，蓝色的幽静配合黑白的空无，使中国传统文化的意蕴展露无遗。设计师挥动手中的毛笔，在墙面隔断、顶面天花上尽情挥洒，那强劲有力的笔触抒发文人情怀的同时，也把传统文化中的水墨意境在室内环境中发挥到极致。

图 4-16 大董烤鸭工体店

五、传统装饰元素——工艺品

工艺品是“装饰”的物化形式，它是空间里用来修饰美化的物品。室内装饰艺术品的添置不光有美观的作用，还有一定的实用功能。具有中国特色的工艺品是以传统文化作为根基、以传统思想作为根源、以传统美学思想作为理念、配合精致的传统工艺创作出来的。其外形做工精良，在细节打造上精美绝伦。中国传统工艺品在室内空间的点缀可以衬托室内的文化氛围。

在木雕装饰品上可以看出中国传统艺术在自然材料上的展现。木雕艺术出自能工巧匠的精雕细琢，对木雕的奇思妙想、寄予木雕的美好愿望是工匠们审美观和工艺技巧的展现。那些趣味性强、材质优良、外观优美的木雕装饰品是对室内空间环境的完美提升。

中国结作为中华民族特有的工艺品，是中国古老文明的智慧产物。中国结由一根红线手工编结而成，复杂曼妙的优美曲线结合鲜明的中国红使其成为享誉世界的中国传统装饰物。它蕴含着独特的文化寓意，“结”是变化万千、种类繁多的：双联结，以两个单“结”相套制成，蕴含“连、和、持续不断”之意，常拿来祝愿年年有余、永结同心等；双钱结，顾名思义将两个古钱币串联在一起，古代称钱为“泉”，与“全”同音，双钱结也叫作“双全”，能表达好事成双的意思；祥云也是一个经典的中国传统元素形象，从科学层面上讲，云造雨用以滋养万物，在神话传说中，我们也常听到神仙乘云而来，“祥云瑞日”更是对美好生活的描述，祥云结的装饰是对吉祥的盼望。

室内陈设中功能性和美观性兼具的工艺品是灯饰。灯饰好比室内空间的眼睛，它能照亮室内空间，使环境有了色彩变换，同时灯饰自身的艺术性也能给室内增添美感。人造光作为主要的室内光源，选用合适灯饰并搭配中国传统元素，可在室内装饰中点亮传统美学的艺术观感。

宫灯（图 4-17）是极具中国特色的手工艺装饰品。传统宫灯制作工艺复杂，以木骨架构成四角或六角几何形，在骨架间镶嵌的纱绢或玻璃上绘制各种装饰图案，除满足照明需要之外，精细的装饰、雍容华贵的外形也显现了宫廷的华美之风。

图 4-17 宫灯

六、传统装饰元素——纹样

中国历史积淀下来的传统纹样蕴含独特的民族风俗特性、广博的地域特性和历史文化特性等，同时重视图案的完整性、传意性和装饰性美感，讲求形体之间的相互呼应、衔接和组合。传统纹样来自人们对宇宙自然、皇权宗教的崇敬，经由时代的变迁，还表达人们盼望如意、吉祥等积极的象征意义。设计师只有了解传统纹样的含义，才能在创新时准确运用传统纹样。

中国传统纹样图案流传到今天，演变为中华民族传统文化的象征性标志，构成具有艺术美学和文化价值的装饰元素。其题材通常为人像、动植物、场景、意象符号等象征性图案，并且多具有指向内涵和吉祥寓意，如“蝠”与“福”同音，蝙蝠可寓有福；“鱼”与“余”同音，鱼形图案可寓“年年有余”。精美的传统装饰图案是中华民族深厚气质的再现。

民族传统纹样图案是民族文化的提炼和体现，其经历不同历史朝代人文以及精神的约束，用复杂的具象图案呈现。但在当今社会，部分琐碎庞杂的装饰纹样已经不符合当代人简约的欣赏情趣，因此将传统图案应用在当代室内装饰设计中时，设计师需要对其进行适当的变化调整，提炼纹样图案并整合造型体量，力求简洁明快，以适合当代的生活节奏。

窗格（图 4-18，传统窗格）在传统木结构建筑框架中又被称为窗棂。形式多样的窗格是传统建筑花窗装饰的重要组成元素，是建筑立面形式美的主要构成。精美窗格的装饰纹样就是通过木雕技艺对传统纹样取材。所以一个个精美的窗格不只是中国传统审美的展现，更蕴含了中华民族的深厚文化底蕴。在现代室内环境中，精巧美观的窗格不再仅仅作为建筑外立面对窗子进行美化，它早已走入了大众的室内空间中，与隔断一样在空间分隔效果上贡献着自己的力量。

图 4-18 传统窗格

第五章 现代景观园林设计的传统意境

第一节 传统造园哲学的再生

世界各个民族都有自己的神话，基督教《圣经·创世纪》中的伊甸园（图 5-1）是神为人类始祖亚当和夏娃修建的乐园，美食不尽，酒水成河。佛教的极乐世界（图 5-2，明代丁云鹏绢本工笔画《极乐世界》），众生无有众苦，但受诸乐；黄金为地，昼夜六时；有金银、琉璃合成的阶道，有玛瑙、赤珠装饰的楼阁。无论是伊甸园还是极乐世界，都是人类的理想园林蓝图。似乎我们从文化诞生那一刻起，就从未停止对美的园林的追求。文明起于城堡，盛于园林，一直以来，园林都潜移默化地影响着人们的文化哲学思想，而哲学思想又引导着园林的审美意识发展。

图 5-1 伊甸园

图 5-2 明代丁云鹏绢本工笔画《极乐世界》

一、园林哲学的历史沿革

(一)园林哲学于子学厚积

先秦是中华民族的孕育时代，最早展现园林的思想文化也是由此开始的。这个时期文化多元，分散而不相属，多以神话示人。最早的有昆仑神山和蓬莱仙岛，人们通过原始宗教来表现日常生活以及对世界的认知，昆仑神话中的“圃”意为有灵的仙境，《异苑》中的蓬莱仙境则是人们对自然山岳天体的崇拜(图 5-3，仇英 (1498—1552) 所绘蓬莱仙境)。在祖先们臆想神灵的生活时，后世造园的基本元素已经逐渐形成了，即山、水、石、植物和建筑，也暗暗拟合着山与池的布局形式，昆仑、蓬莱等成为后世园林文化的背景依托。祖先们追随着这些云阶月地，在人间也建造着自己的仙山楼阁，开拓了园林审美的雏形，园林与思想文化的交织也由此开始图 5-4 为早期北海俯视图。

图 5-3 仇英（1498—1552）所绘蓬莱仙境

殷商立国，作为中国最早有史可证的王朝，它是以畜牧业为主的宗教崇拜社会。殷商产生了历法，拥有一定的天文知识和物质文明。此时的“园林”多用于狩猎渔钓，是后世园林的雏形。西周以来，中国的哲学文化发展由神到人，建筑的宗教意义逐渐淡化，园林景观融入现世理性和审美精神，山水

图 5-4 早期北海俯视图

人格化初显。时至东周，战国诸侯的苑囿以文王灵台大行其道，还有楚灵王章华台、吴王夫差姑苏台等。天子权力威望的削弱导致礼法瓦解，士人阶层崛起，思想学术空前活跃，哲学领域异彩纷呈，宗教崇拜逐渐消散。

公元前 221 年，年近 40 的嬴政躲过了诸多刺客的袭击，统一了六国，中国园林史也迎来了自己第一个造园高潮。这个高潮以华夏文化共同体为背景，以先秦思想家构建的“天人之际”宇宙观为指导，创造出规模庞大、蕴含万物，布局上经纬阴阳、体象天地的时空艺术。秦汉宫苑用蓬莱神话系统所提供的仙海神山想象景观，确立了“一池三山”的山水布局。由此山体、水体、建筑成为鼎足而立的中国传统园林景观要素。

秦代帝皇宫苑是人们理想中的宇宙艺术再现，反映六合营造。秦始皇以咸阳为中心，朝宫规模宏伟壮丽，随自然形势而筑，做长池，引渭水，筑土蓬莱山，这也是最早采用人工堆山手法的中国园林。秦代与汉代的宫苑营造思想同为强化帝皇权威，天子以四海为家，园林宫殿壮丽而重威。汉武帝刘彻时有大规模的造园活动，此时物质文明和精神文明都达到了一个新的高度，帝王们求道奉仙，追求长生不老，将成仙的愿望寄托在地上的园林中，他们兴建“上林苑”，实现了苑中有苑、苑中有宫、苑中有观的建筑群，园林景象创作有仙界趣味。此时道教的思想发展成熟，教义进一步充实，道教的理想境界丰富和提高了园林构思及园林艺术性，对山水的处理追求自然，力求体量的庞大和形式的逼真。图 5-5 是大明宫复原想象图。

图 5-5 大明宫复原想象图

总的来说，秦汉时代环境艺术的典型为后世帝皇宫苑的修建和管理提供了基本模式，汉代建的层楼刻意模仿仙居的“台”，是逐层堆叠的井干式楼，汉武帝时开始出现梁架式建筑，并成为后代楼房建设的基本样式。汉代形成了中华民族独特的建筑风格，木构建筑的各种形式影响了园林建筑形式的多样化。秦汉宫苑是汇合着宫馆、禽兽、林木、山水四要素的皇家园林，造园的手法技术体现了天然和人工的统一，秦汉园林设计者的主题观念基本一致，皇帝是人间的“天帝”，是人间的神仙，汉代的班固在《西都赋》中所说的“其宫室也，体象乎天地，经纬乎阴阳，据坤灵之正位，仿太紫之圆方” 就是这个时期基本的造园哲学。图 5-6 是班固所绘《清上官周画》。

先秦至秦汉时期，孔孟等诸子奠定了中国古代哲学的基础，影响了后世各行各业的发展，建筑、园林尤甚。冯友兰在《中国哲学史》中泛论各个时期的哲学，讨论问题之多、范围之广、气象之蓬勃皆以此子学时代为最，后世经学时代诸家所提的新见解，大都是依傍子学时代（图 5-7， 张生太所绘《诸子百家》）。犹记得小时候很多人没看过几本书，但大家也都会“子曰: 有朋自远方来，不亦乐乎”地成天说着，可见那个时期的哲学影响之深远。

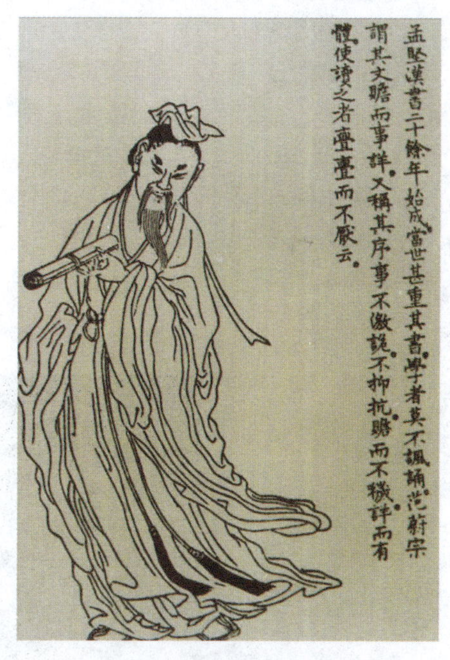

图 5-6 班固所绘《清上官周画》

图 5-7 张生太所绘《诸子百家》

春秋战国以后生产力急剧发展，社会组织、经济制度以及政治制度都有了根本改变。个人的自信心增强，教育普及，诸侯争霸，物质生产也相应发达，城市化发展到了一个高潮，商人随处可见，经济十分活跃。在这种时代背景下，个人的权利也开始高扬，很多知识分子在过去曾为“儒”或“士”，现在已不再被列为贵族，在游士成风的时代，他们开始偏向于强调个人价值。知识分子的地位得到空前提高，他们进而强调自己的独立人格。这个时代的哲学思想奠定了后世园林审美发展的基调，与园林乃至建筑都有着千丝万缕的联系。

与此同时，这个时期的变革使我们的祖先们逐渐形成了一套完整独立的园林哲学体系。相比法国几何园林和意大利的台地园林，中国古人对自然的情结经历了从崇拜到亲和，进而发展到了对自然美的自觉追求。春秋之时，孔子等人对自然美的欣赏从崇拜山水意识发展为对自然美的自觉追求。

在继承了商周以来人们对自然的态度的基础上进一步与伦理观念结合，他们在中国历史上也是世界历史上最早提出了著名的山水自然审美命题——山水比德，即“知者乐水，仁者乐山。知者动，仁者静，知者乐，仁者寿”。山水在孔子等儒家学者的眼里分别具有“仁者”与“智者”的品格，所以引出了“知者乐水，仁者乐山”的命题。山水不只具有自然属性，而且可以与人构成感性对应的关系。园林植物本身的审美价值也被逐步发掘，花草树木被比作君子之德，使之同时具有观赏和寓意两个层次的意义；在比德的同时借此寄托心志，植物山石与人物互比互喻，如梅、兰、竹、菊象征傲、幽、坚、淡等（图 5-8，竹林）。这实际是儒家比德在士人哲学、美学思想和社会生活方面的综合体现，深深地影响到了后世园林山水的发展以及文化内涵。

图 5-8 竹林

道家倡导尊重自然，强调以自然的方式去看待自然的观物心态，是儒家“仁者爱及万物”方式的重要补充。道家主张人通过回归自在无为的山水自然来解脱社会现实的束缚，推动了“隐逸”文化以及自然山水园林的兴起。园林有自然和居住的双层意义，是身体安顿及心灵和精神的寄托。人在失落的时候，沉醉于园中而获得生命的寄托；人在春风得意的时候，能在园中体验生命的愉悦和超越。园林即微缩的宇宙，连接人的世界和自然的世界，人通过园林的小宇宙去洞察天地万物的大千世界，实现生命的超越和追求。“退隐”在中国古代园林哲学中是必不可少的一环，大自然的真山真水由此演进变成了园林中的人化山水。

以上提到儒家、道家的关于园林的哲学思想，就不得不说易传、气论这些玄之又玄的哲学命题。“气”作为古人园林的又一审美核心，是构成中国园林哲学的基本要素。“气”乃万物之源，在美学、艺术哲学思维中都有长足发展，是重要的美学范畴之一。春秋初期有关“气”的概念已经形成，“气”作为风水理论中关于审辨、选择和经营居住环境的精髓，具有良好生态、生生不息等意象，含有维持生命存在并决定其发展变化的环境系统意义。“气”作为人与自然内在统一的要素，直接促成了“天人合一”哲学观念的产生，并引发了人们对于自然、生命、道德和社会的更多的认识，构成了中国传统哲学体系的核心精神。天人合一也是中国园林主要遵循的自然哲学。

子学时代培育了众多的中国传统哲学理念，其精神和思想贯穿了我国整个古代文化，遍及三教九流十家，是中国文化发展的基础和根源。园林思想哲学在这一时期日积月累，“天人合一”以及追求自然山水的观念蓬勃发展，在后面经学时代迸发出了灿烂的光芒。图 5-9 为紫禁城。

图 5-9 紫禁城

（二）园林艺术在经学中迸发

随着汉代中央集权崩溃，儒家思想地位瓦解，政治无力干扰学术文化，佛学和玄学兴起，魏晋南北朝时期哲学主要是山水悟道、亲近欣赏山水。任情纵欲，对儒家礼教的忽视，对个体才情品貌的强调，重美轻善，具有了人的自觉、美的自觉解放意义。适时，玄学占据主导，其主张“人与自然的融合”，是中国园林发展的重要转折时期，人们皈依自然，欣赏自然美，与天地同流，与诗画融会贯通。园林承接天然之意，重岩复岭，高树巨林，匠心巧思，自然做了艺术的人化，具有一些写意意识，山水植物等自然形态依旧是构成园林的主要景观体系。

东晋南朝佛寺园林发展极为迅速，是为一大特点。此时的道教开始向统治阶级和士大夫楔入。而佛教与道教在名山秀水中建寺立观，作为心灵净化的场所，供人寻找归宿。佛教的唯心体系颇为精致，士大夫文人发现它和以老庄为核心的玄学的相似相通之处，并把它作为一种哲学理论来研究。佛教不仅使人的精神得到寄托，是一门可以深入探讨的宗教学，而且还是有宇宙论色彩的哲学，激发了士人的热情。在与玄学互补的这个过程中，佛教逐渐增添了印度纯思辨色彩，渗入中国儒道文化思想，在中国园林哲学中占据了一席之地。佛教号召世人施舍自己的房屋来供佛烧香，衙署和达官贵人的宅院被改造成寺院，成就了寺庙与园林的特殊关系，一举奠定了寺园一体的中国寺庙的基本特色。寺庙园林有的装饰金碧辉煌，有的与皇家宫城无二，因为其是参禅修炼的清净场所，必须要营造出庄严肃穆的氛围，所以其内竹木森森，花木为胜，承接了士大夫园林自然意趣的审美。

随即中国古代历史上第二次鼎盛时期到来，在当时的世界范围内，隋唐帝国是最强盛的国家。隋唐时期的文化超凡又入世，社会、政治、民族以及文化呈现多元化特点，思想自由活泼。这个时期中国的园林艺术风格和类型基本定型并日趋成熟，造园活动在数量、质量、类型和艺术风格方面全面发展并形成高潮。园林以“文质彬彬，尽善尽美”为最高理想，推崇气势雄浑刚健之美，从仿写自然美转变为掌握自然美再到提炼自然美。“取石造山，崎危诘屈，有若天成”成为园林艺术的最高标准，古典园林艺术从自然山水园向写意山水园过渡。

隋唐时代哲学思想的三大学派（佛、道、儒）开始混融，形成了广泛流传的禅宗。禅宗讲究个人的直觉体验和冥想沉思，消除了儒道思想的对立。在禅宗美学中，人心的作用居于首位，这正是儒道美学的升华，禅宗美学以人心为第一性，强调任何美感都源自内心，把意境美作为美的最高境界，艺术创造力成为审美重点。从儒家美学到道家美学，再至禅宗美学，中国审美的进化步骤完成。文人自然山水园就深受禅宗美学的影响，例如王维的《辋川别业》，作为诗画兼容的文人园，以画设景，以景入画，山、水、园、诗相互融合，诗中有画，画中有诗，禅宗空寂观的形象化和艺术化在其中展现得淋漓尽致。辋川别业，诗情画意，融自然和艺术于一体，同时也开创了写意式山水园的先河。

“华夏民族之文化，历数千载之演进，而造极于赵宋之世”是陈寅恪对两宋的极高评价。隋唐至宋，君权高度强化专制，门阀势力消失，士大夫文人只能依靠科举制度实现自身理想，强化个人对国家政权的依赖性。宋代成为有名的文治社会，文人在理学的影响下，追求“万事万物天地心”，认为“惟其与万物同流，便能与天地同流”，情感含蓄复杂。写意山水园是两宋文人寄寓坚定的理性人格意识及优雅自在的生命情韵最适合的载体。园林中景观主体情致进一步浓化，体现了人们审美观念的质的变异和飞跃。能诗善画者大多也经营园林，对奇石有独特的鉴赏能力，置石、叠山、理水、莳花、植木都十分考究，构景日趋工致。技术水平提高，建筑造型以及建构细节都与自然环境有机结合。南宋时期，江南地区凭借优越的自然条件，使园林风格一度表现得活泼清新，自然风景与名胜都得到了进一步开发利用，江南出现文人园群。士大夫园林更注重文人意绪的写入，一草一木一石都成为文人们抒发情感的特殊对象，园林完全成为“立体的诗、无声的画”。园林规模越来越小，反而创造出了变化丰富的艺术空间，空间变化丰富，景物愈趋精饬。图 5-10 是江苏苏州的拙政园。

图 5-10 拙政园

元明清时期是我国园林艺术集大成时期。元朝废除科举制度，加上民族压迫和落后的宗教哲学，消极遁世以及复古主义思想泛滥。文人更加追求抒发内心的意趣和超逸意境。行至明清，造园现象出现最后一次高峰。士大夫开始在近郊修建以山水为骨干、富有山林之趣的宅园。他们在有限的范围内，追求空间的艺术变化、风格的素雅精巧，达到平中求趣、拙间取华的意境。明代是传统园林的鼎盛时期，而清代则是皇家园林的巅峰时期。苏州园林（图 5-11）达到了自然美、建筑美、绘画美等多元发展的造园意境，是文学艺术的有机统一，成为融文学、哲学、美学、建筑、雕刻、山水、花木、绘画、书法于一体的综合的艺术园林。它是中国园林的正宗代表、明清时期皇家园林的艺术范本。

图 5-11 苏州园林

（三）形（宇宙）与思的交织

中国园林从想象中的神山仙岛，到殷商模仿仙居的丘台、囿圃，在拜神的思想下，丰富起了人间的生活。周人重视现实，也许借助神的思想助其统治。秦汉再现六合营造，神仙落地，变为皇帝，住在象天法地的宫苑里。诞生于南北朝的文人园林，将个人情思意蕴写入园中，并逐渐成为诗画艺术的载体，在艺术上成为中国古典园林的正宗代表。园林创作，从天然形胜到仿写自然美，继而掌握自然美，又由掌握自然美到提炼自然美，进而典型化，以巧夺天工。从简单的欣赏自然美、运动韵律美，到欣赏意境美，从重视园林铺陈排比、庞大体量到重视园林虚实藏露、周回曲折、小中见大，从崇尚豪华壮丽到追求雅淡素朴，中国园林艺术随着人们的哲学思想意识的发展，不断由低级到高级，逐步发展成写意式山水园林。林林总总的中国古典园林风格体系的构建始终育化在传统哲学的整体精神背景之中。

（四）当代园林中的哲学传承——方塔园

上海松江方塔园建于 1978 年，由同济大学冯纪忠教授设计，原址为唐宋时期古华亭的闹市中心。整座园林以宋代方塔为中心，结合传统哲学思想，兼容现代园林，反映出了自然、空旷、幽静等特色。其承古揽今，立意独特，园中主题“与古为新”更是道出了设计者的心声。

方塔园设计在中国现代的园林设计探索中占有特殊的地位。如何用现代技术条件来做一个有民族特色的园林，这与单纯地模仿明清园林是截然不同的。模仿是照猫画虎，形似而意不通。方塔园中，冯老先生用其特殊的设计语言向世人展示了一幅酣畅淋漓的民族美的画卷。图 5-12 是方塔园。

原址中有诸多历史文物建筑，各有特色。方塔是整个园林的中心，建于北宋熙宁至元祐年间，距今 900 多年，塔高 42.65 米，共 9 层，承袭唐代砖塔形制，呈四方形，故俗称方塔，为砖木结构，楼阁式，砖身底层外壁每面宽 6 米，四周筑有围廊，以上逐层收缩。登上方塔俯览四周，古城松江全貌尽收眼底。塔之北侧，面北而立一座巨大的砖雕照壁。该壁建于明洪武三年（1370 年），原为松江府城陛庙门前的屏风墙，距今已有 630 多年的历史，是上海乃至全国最古老、最精致、最完好的大型砖雕之一，由近百块细泥青砖雕凿而成，上面精雕细琢有走兽、树木、花卉和珍宝等。结合历史文物和诸多建筑，冯老精巧地将现代景观设计元素加入其中，以现代城市的生活方式和活动尺度为出发点，以人为本地设计了多层次的景观场所。受益于中国古典园林哲学的影响，冯老坚持用真山真水来再现古典园林，使得园林大气恢宏，又不失别致，令人耳目一新。

图 5-12 方塔园

谈到对方塔园的规划设计，冯老提到了对偶的运用，如全园空间序列的旷奥对偶，各个甬道的曲直刚柔对偶，文物基座的简繁高下对偶，塔院的墙、石、土的对方对偶。这不是简单的对偶，不但要将二者对比，以见高下，激化矛盾，还要两两对照，相辅相成，和谐统一。这种对偶手法就是来源于中国传统的哲学文化，对物象、表象乃至意象进行叠加，才能呈现有实际感官的境界。

冯老对园林在时间和空间的转换上也是下足了功夫，唐代园林时空转换的思想被运用到这个设计中。建筑和景观都含有历时性和共时性，设计在其中谋求反向趋同。方塔园中亦如诗画，花影随时间的移动二向度地转变。空间流动其中，步移景异，游客滞留时间的长短不同、流向不同、游览次序不同，都可导致空间序列的韵律不同。此举不可谓不高明。

王澍在回想方塔园时，也感叹于全园的每一处细节和气息——轻、旷、沉、稳，冯老仅着笔四处，就控制出一种高古旷远的格局。园子从历史到空间，从流线到文脉，每一个地方似乎都相辅相成。图 5-13 至图 5-15 则是何陋轩节的点。

过了这么多年，我们虽然很难再说方塔园是中国最好的现代园林，但是其在历史上的地位却是毋庸置疑的，它积极地探索了中国现代园林的方向，用自身来感化每一个参观它的人，把自然之灵与文化之神引到了人们的心灵之中。

第二节 传统园林对绘画的融鉴

一、中国传统绘画与古典园林因交而融

交，往来之联系，接合也。中国的绘画与园林之“交”最早要追溯到古时。融，合而汇，因往来之接合而融会贯通。中国自古“画”与“园”相继出现，互促成长，关系缜密。山水画画山水园，山水园源山水画；以画入园，画园成景，以园入画，园画见心。

传统绘画和园林一样，本质都是将内心对自然风物的憧憬与解读用某种手段表达出来。这两者一种是描绘，一种是建造；一种是基于二维空间的艺术，一种是基于三维空间的艺术，但它们共同拥有同样的时间维度，在历史的漫漫长河中因交而融，一脉相承。

图 5-13 何陋轩节点一（苏圣亮拍摄）

图 5-14 何陋轩节点二（苏圣亮拍摄）

图 5-15 何陋轩节点三（苏圣亮拍摄）

（一）中国传统山水画与古典园林之初现

邃古之民的绘画称为八卦，所谓“卦者，挂也，其意原在图形，但未能即成，仅有此简单之线描，以为天地风雷水火山泽之标记”。这种以自然天地间种种事物之形及意，较之轮圜螺旋似稍富绘画意义，则是我国绘画的胚胎。到了黄帝时期，绘画雏形渐现，线条由质而文，由简就繁，但仍作为类似于象形文字的沟通工具存在，而非艺术，不被欣赏。

先秦时期，绘画逐渐由一种社会工具向装饰艺术手段发展，开始出现以欣赏为目的的绘画（图 5-16，葫芦纹鸟形壶；图 5-17，几何纹壶），在青铜器、漆器上可以看到对舟、桥、云、水、鸟、兽等自然题材的描绘，如禹铸九鼎、夏禹蜃灰垩壁、商之鸟兽回纹、战国之天地山川神灵。有关自然界的描绘内容逐渐丰富，而绘画作为一种装饰功能，无论作于墙壁还是器物，皆尚不能脱离这些用载体辅助传达的媒介，只能作为一种艺术品上面的辅助欣赏而存在。商周创造了“囿”字，即在可限制的自然范围内能放养动物、种植植物、挖池筑台，供皇家打猎、游观、通神明的圈地。这时的“苑”“园”“圃”“囿”便成为中国历史上最早的园林雏形。

图 5-16 葫芦纹鸟形壶

图 5-17 几何纹壶

到了秦汉时期，绘画才真正地从装饰功能中脱离出来，发展成为艺术的主角。大量的宫苑壁画涌现，从官僚府邸到地主宅院无不以画作为装饰。这时的绘画形成了自己独特的风格和娴熟的技法，选用的矿物质颜料色泽明艳绚丽，十分考究。当时的画多绘人物，山水题材的画作尚少，相对在宫廷中离宫别馆的修建也不甚合理，园林支离。时至秦始皇大兴土木，汉武帝堆山造池，五步一楼、十步一阁、廊腰缦回、檐牙高啄的阿房宫和象征着传说中东海蓬莱、方丈和瀛洲的神池仙岛等大规模的宫苑修建，将秦汉的绘画与园林推向了新的高度。

（二）中国传统山水画与古典园林之成长

中国山水画的形成比人物画要晚，直至魏晋南北朝时期，人们对山水的描绘才从人物画的复用中独立出来，真正意义的山水画出现。处于同时期的欧洲国家，仍旧局限在写实人物的宗教理性画作中，他们视自然风光为不被欣赏、不具审美的物象。而在中国，人们除了学习外域宗教文化的写实人物画外，由于受到道家哲学思想的熏陶，还注重情感的感性抒发和释放，悲悯世界，崇尚自然，将自我生命同自然环境联系在一起，认为风光虽好，亦会有消逝那一天，故开始绘制山水画，以此来寄托抒发对自然万物生灵的热爱。古人描绘山水，便出现了山水画；古人创造山水，便出现了中国古典园林。也正是在这一时期，人们真正开始鉴山水画谱、画论于园林创作之中，山水园林得以发展。玄学影响下的山水观念迭变，人们并不十分关注山水所画之象，而是重视山水所蕴之道，即为“以形媚道”“与道为一”。士大夫们隐逸于山水，餐松饮涧，将情怀抱负修建寄托于天地山水之间，致使私家园林风起云涌般出现。

图 5-18 古画一

图 5-19 古画二

从前期精致艳润的道释人物，到中期雄浑超逸的大兴山水，至后期人物山水花鸟之并进，隋唐时的山水画已发展成一门独立画种，应当代之运而光之大，较魏晋南北朝时期的画法更加臻熟。《陋室铭》云：“山不在高，有仙则名。水不在深，有龙则灵。”人们将山、水同神、龙系于一体，体现着对大自然的崇拜与敬畏。此时的古典园林，随山水画之全盛而兴鼎，山水画同造园间的关系更为密切。人们将画与园林相融糅，不再拘泥于以绘画释放心灵，而更多地以园林言志寄情。画家、诗人皆参与造园，他们走入名山大川，始搜江湖山河，绘奇峰万壑数万，方达到笔下山水如真、气质俱盛的艺术境界。他们寓一情一景于一诗一画，寓一诗一画于一园一林，画山水树石，踪似吴生，而风致特出；造一池之水，包容江海，几撮山石，喻指众岳。

（三）中国传统山水画与古典园林之兴衰

宋代政治安定，画家备受尊重，绘画达到了更高的境界。宋代出现的南北画派代表着中国南北地域的自然环境差异。山水画表现在以南派董源、巨然为代表的“溪桥渔浦，洲渚掩映，一片江南”，以北派荆浩、关仝为代表的“云中山顶，四面峻厚”之中。宋代崇尚精神张扬不受拘束，主张写意山水之画意不画形，写意手法也被运用在园林造景之中（图 5-20，《山中早春图》；图 5-21，《踏歌图》）。

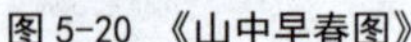

图 5-20 《山中早春图》

图 5-21 《踏歌图》

文人画一角一隅之山水，造小情小景之园林，讲求绘画的无限意境，构图追求不对称美、萧散简淡、得意忘形。园林造景同样十分注重意境的表达，中国古典园林的含蓄幽丽、移步易景、恬静淡薄、渐入佳境在宋代园林中得到集大成的彰显。

元代历时短暂，自然灾害严重，民族矛盾激化，画院制度废除，绘画却显著发展，文人画出现，以山水画为最盛。元代的绘画、造园皆出自文人之手，才匠辈出，炳若列星，如黄公望浅绛水墨、倪瓒枯笔山河、吴镇渔木石竹、王渊花木禽鸟、王冕纤枝墨梅。同时，宋代园林也别具文人特色，模山范水，天人合一、可谓绘画笔墨之精湛，造园境界之高华。

明清时期画风迭变，明代以苏州吴门四家的绘画为代表，其山水画尽显江南一带的精致秀美，又透着文人画的温润妍雅。清代以王时敏等“清初四王”的绘画为代表，其画在笔墨、构图、气韵、意境上极具表现力。这个时期绘画领域人才济济，画派林立，风格迥异。明初的战乱动荡导致了造园低潮，至清代康熙盛世，造园才重新活跃起来。明末著名的造园家计成在《园冶》一书中将中国古典园林的特点概括为“虽由人作，宛自天开”，形象地描写出当时造园已达到巧夺天工的境界，《园冶》也成为中国第一本关于园林艺术理论的专著。清王朝对北京城、皇家园林大力建设，经清雍正、乾隆、嘉庆三朝近百余年修造完成的圆明园堪称造园史之杰作。但乾嘉之盛世却也成了中国古典园林文化之终结。

清末，西方文化的冲击和侵略者的入侵使国民经济崩溃，使造园探索停滞衰落。圆明园于 1860 年毁于八国联军的烧杀抢掠，瞬间变为破败荒蛮的废墟，如今我们也只能站在这片宏伟的残骸脚下，缅怀与祭奠中国造园史上的这座高峰。

（四）当代园林与中国传统绘画因融而鉴

鉴，大盆也，一曰鉴诸，可以取明水于月。古人从皿盛水，用以照形，称皿为鉴。因融会贯通而举一反三，由一类事物推得另一类事物，称为借鉴。园林造景同传统绘画相交融，后寓画于园，从传统绘画中借鉴，即为融鉴。传统绘画之精髓不断渗入园林造景之筋骨脉络，产生了深远影响。

画理即造园论。中国古典园林中很多造园理论源于绘画，当代园林景观设计更是如此。例如，绘画（图 5-22，《黄山八胜图》）讲求立意构图、统一变化、虚实疏密、神形意境等，园林景观设计亦是在遵循这些绘画理论的前提下，布局景观元素，构成一幅幅三维动态空间的自然山水画。

图 5-22 《黄山八胜之一》

（五）得意忘形——当代园林景观中的少即是多

“得意忘形”的一层含义指绘画的表现形式，得其意，即其思想精髓，而不必计较形。自古有“以少胜多”“以一点墨，摄山河大地”的绘画理论，这与“一拳代天，一勺代水”“片山多致，寸石生情”的造园理论完全契合。造园是在有限的空间里用有限的景物创造无限的意境，即“小中见大、咫尺园林”。

宋代夏圭画山之一角、水之一隅，被尊称为“夏半边”。画论融进古代造园，便有了拙政园“海棠春坞”仅植两枝、春意盎然的境韵，再鉴入当代园林景观设计中，经不断升华，逐渐演绎成“少即是多”“极简主义”等设计理念。

当代的许多设计师受传统绘画中“得意忘形”之影响，追求形式上的极度简化，以较少的形状、物体和材料控制大尺度的空间，形成简洁有序的现代景观。深圳上步南路的景观设计（图 5-23，图 5-24），就很好地演绎了“少即是多”的景观理念。

深圳上步南路景观设计将极简风格表达得淋漓尽致。平面结构虽然是完全开敞的，但整体性极强，设计将极简风格整合到一套规整的手法中，空间组织有紧有弛。从整体空间以及城市肌理的角度去考虑，设计保留部分大树，利用种植将空间划分为不同功能景观分区，点、线、面种植植物，丰富了空间层次感与流动性，打破了铺装的硬质界面，软化了场所的肌理感受。

建筑群、商业区、主次道路、行道树在城市的肌理里面显得并不突兀，树池、花坛、休闲椅子作为城市空间的派生被设计成较围合的空间感受。城市界面有条理、明确，开敞的场地为人们的活动提供了多种可能性，提供方便的同时又大幅度扩展了场地的价值。

极简主义的场地肌理具有明确的导向性，兼具了审美性和功能性。设计采用流线型铺装，较强的导向性一方面起到引导人流的作用，另一方面经过美化的植物也令场地视线柔和、通透，加强了现代都市感。充满野趣的种植与场地肌理产生了有趣的碰撞，特色座椅为人们提供休息的地方又分隔了停车位。

深圳上步南路景观设计遵循“少即是多”的极简设计手法，使它成为商业综合体的一部分，也是隐匿于繁华市区的静谧之所。

图 5-23 深圳上步南路（一）

图 5-24 深圳上步南路（二）

（六）旷奥如斯——当代园林景观中的旷奥意趣

柳宗元在《永州龙兴寺东丘记》中写道：“游之适，大率有二：旷如也，奥如也，如斯而已。其地之凌阻峭，出幽郁，寥廓悠长，则于旷宜；抵丘垤，伏灌莽，迫遽回合，则于奥宜。”柳宗元最早提出“旷如”“奥如”这两个空间概念，后以“旷”“奥”就用来形容名山胜迹的开阔和幽深。

旷奥关系源于传统绘画中的构图关系。所谓绘画构图，是指梳理各种繁杂的绘画元素的脉络，分清主从地表现出来；园林构图则是一种置景元素的动观序列。旷如之境即视野开阔，目之千里，如开敞的水池、广场、望台，但“旷”并不意味“无”，而是“旷而不敞”，即在旷景中具有一点“奥趣”。奥如之境即近观欣赏，触手可及，如花草木石、廊榭窗墙，但“奥”并不意味“单一的复制”，而应是“奥而不邃”，即在奥景中有一点变化的趣味。这种由近推远、由远拉近的旷奥视觉，好比传统绘画中散点透视构图的“散”与“聚”，不是指纯粹的留白或者填满，而是散中有聚，聚中有层次，画才能丰富灵动，具有节奏韵律。

在园林设计中，有很多景观将旷奥融合得相得益彰。苏州留园（图 5-25）对旷奥关系进行了恰到好处的诠释，这也是留园最突出的空间特点。

留园从尺度上分为南部的入口长廊和北部的主要空间两部分。入口长廊狭长封闭，北部主要空间是视野开阔的水池，二者在空间尺度上旷奥结合，对比鲜明。入口先是极大地压缩人们的视野，使人心性收敛、洗涤尘襟，进而人们穿过它进入主要空间，顿感眼界一舒、豁然开朗。入口狭长幽闭的空间奥而不邃，留园巧妙利用形式多变、曲折深幽的长廊和几步一见、大小不一的内院，打破了奥如空间易产生的沉闷单调之感。此外，廊道布局有长有短，使游人的观赏步伐时缓时促；廊壁上筑有漏窗，隔而不围，将内院的景色若隐若现地渗入廊内，令人探幽纵目。这种对节奏、层次的把控，做到了奥中有旷，渐入佳境，妙趣无穷。

（七）动静相宜——当代园林景观中的动静结合

画是静态的，绘画中的“静”很好表达，如山石草木、亭台楼榭。而“动”在绘画中是如何体现的呢？

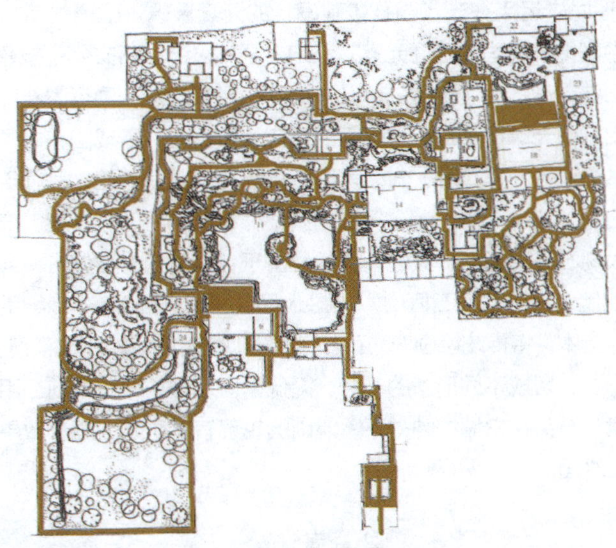

图 5-25 苏州留园平面图

一种方式是用“远”来表达，宇宙万物无绝对的静止，实则都在运行之中。中国山水画家以高远来表现动态画面，因为“远”可以使画者与观者“胸罗宇宙，思接千古”，从有限的静态画卷进入无限的动态时空中。故画中高远之鸟似飞鸟，高远之云如飘云，高远之水若流水，这种行云流水、鸟飞花落的动感就是远之“动”。

另一种方式用“神”来表达，传统绘画能给人落叶浮云缥缈、鱼鸟昆虫生气、流水瀑布灵动的感觉，源于下笔之运行气韵。画的是形，传的是神，抓物象之精髓，方能以形写神，所画之物自然动了起来。这样动静交织、宜动宜静，画便生动形象、自成佳趣。园林景观中同样存在着动静关系。

一种是停观为静，游观为动。但在游观中，这同绘画的“远动近静”相反，变为“远静近动”。造成这种反差的原因是：游观园林比绘画多了一个动态的观者和因动观与透视而产生的参照物变换现象。比如行走在长廊中，近景长廊迅速退后，而远处的山水则移动相对缓慢，宛若静止。正所谓诗中“意贵乎远，不静不远”描绘的那样，这种前动后静视觉效果的运用，在当代园林中比比皆是。

一种是点景宜静，线景宜动。线为景观路径，点为景观节点，节点贯穿在路径中，形成点线交错的景观内容。动景比如园路、水道等较长的观景路线，游人于此移步异景，景色连绵不断又富于变化。静景比如休憩的亭廊、宅院，人们于此停下脚步，静下心来，感悟园林之美。中国园林中经常将“静”同“禅”相结合，营造一些静谧空间，让人坐观风景，静心涤魂。也有些静谧空间则是为了衬自然万物之“动”象，所谓“蝉噪林愈静，鸟鸣山更幽”。

（八）虚实相生——当代园林景观中的虚实手段

传统绘画中十分注重虚实关系的表达，落笔之处虚得淡润，实得精密。清代画家恽寿平说：“须知千树万树，无一笔是树，千山万山，无一笔是山；千笔万笔，无一笔是笔。有处恰是无，无处恰是有，所以为逸。”这描写的就是虚实关系。传统绘画将虚视作无，将实视作有，“无”和“有”是相对而并未绝对的“空洞”和“阻塞”，太虚则荒，太实则死。虚中有实，实中有虚，方能相生，便形成了远景朦胧，近景精细的绘画手法。明末清初画论家笪重光说：“虚实相生，无画处皆成妙境。”这样一虚一实，一无一有，留以想象余地，画才能相辅相生出无限意境。

绘画的虚实相生之理同样运用在当代园林景观设计的元素置景、围透关系、植物配置之中。在元素置景中，“石”是中国传统绘画的重要元素。北宋书画家米芾在石文化中被尊为“石圣”，他的“秀、瘦、雅、透”相石法，剖析出了绘画的精髓。中国画经常通过刻画近景石“秀、瘦、雅、透”的纹理特点，来对比远山的虚无缥缈，形成了强烈的虚实效果。无山不成园，中国古典园林同样擅用“石”来营造虚实空间。“设若左有茂林，右必留旷野以疏之；前有芳塘，后须筑台榭以实之；外有曲径，内当叠奇石以邃之。”其中“奇石邃之”最为重要，石头的合理运用能够增加空间的层次感，传统景观置石手法多用太湖石或黄石在咫尺之间堆叠出富于林壑气象的山体，小到寸石一二，大到叠石造山。而苏州博物馆北墙之下的“片石假山”（图 5-26）则打破了这一传统手法，设计师贝聿铭以米芾的一幅绘画作品为蓝本，将传统绘画对“石”的理解现代化，巧妙地融鉴到当代景观设计之中。设计采用山东泰安的花岗石，切成不同形状的石片，高低错落地排放在墙壁前，用水加以阻隔来维护人与置石的最佳观景尺度。石头在白墙的映衬下，清晰的轮廓有着奇妙的剪影效果，构成了一幅“以壁为纸、以石为画”的山水画。

图 5-26 苏州博物馆北墙之下的“片石假山”

在围透关系中，人们常以幕、墙等手段围合营造私密空间，满足人们的多种心理需求，但设计中往往围而不堵，围中有透，将墙掏门、幕开窗，以透出虚景，营造处处临虚、方方侧景的意境。

在植物配置中，则因地制宜，注意层次。无论孤植、丛植、片植、群植，植物的大小、高矮、远近关系都是营造虚实关系的要素。例如路边可片植色彩艳丽、形态矮小的花草灌木，像燕尾兰、红叶小檗、冬青等，形成实的近景；后丛植小型乔木，如龙爪槐、银杏树、海棠等；再在远处种群植大型乔木，作为浑然一体的虚景。又如广州兰圃，园内面积虽小，但植物景观丰富，上有参天古木，下有地被，中层还有附生植物和藤本，这些植物由远及近，巧妙地分割和组织了空间，形成高低错落、层次分明、相互衬托、虚实相生之景。

（九）归于意境——当代园林景观设计的反思

蒲震元认为：“意境是特定的艺术形象和它所表现的艺术情趣、艺术气氛以及它们可能触发的丰富的艺术联想的总和。”在中国传统绘画美学中，无论何种绘画理论，皆为营造“意境”；无论何种造园手段，亦为求得此“意境”，足以见“意境”之重要。古人寓情于画中，用山水画来寄托情怀。所谓“意在笔先”，可见绘画画的是作者心志之意；绘画的内容不局限在有限的几尺画卷中，而总能引人无限遐想；又所谓“境生于象外”，可见画体现了观者想象之境。一意、一境合于一体，便产生了“意境”的概念（图 5-27，《雪景山水图》）。传统绘画中的画理、画论，终归于意境的传达。绘画如此，造园亦是。

图 5-27 《雪景山水图》

园林所见之景非全景，它的灵魂才是园林艺术的全部。园林之景包含着观者思想情趣的无限延伸，这种真实之景与想象之境的结合，形成了园林艺术的最高境界，也就是园林意境。

古时，文人追求意境，他们以景寓情，感物言志，崇尚自然，投身于山水，用心与自然对话，所造之园必会蕴含着满满的“人情味”，这种“人情味”即为园林的意境。可见，“意境”并不是仅掌握高超的技艺就可表达的，还要有对大自然真挚的热爱和对造园肺腑的热忱。

当代园林景观在继承着古典园林艺术、融鉴着传统绘画精髓的基础上不断发展，创造出了不少精良的园林景观作品，这是时代进步的标志，更是人类思想境界提升的标志。但是，随着科学技术的迅速发展，环境却日益恶化。人类赖以生存的大自然正在逐渐衰老，园林景观建设成为拯救大自然的最佳途径。城市不断建造园林，有些却已然变得机械化，人们造的只是“林”，却没有“园”，我们会不到意，想不出境，嗅不到曾经的“人情味”，园林意境难道变成了徒有虚名的一个华丽的辞藻吗？

当人类翻开中国传统绘画史册，纵观中华上下五千年的艺术文明，被传统绘画的博大精深和蕴藏的无限意境深深震撼的时候，是否会联想到与传统绘画水乳交融的古典园林呢？是否会融鉴到当代的园林景观设计理念中去呢？从古至今，绘画同园林，因交而融，因融而鉴，最终落到这个“鉴”上，而当代的我们，不要鉴它的形，而要去鉴它的神。

第三节 传统园林的当代走向

一、中国传统园林的世界地位

中国的传统园林自古代与世界其他各国进行文化交流时就已传播到世界各地，并对很多国家的园林设计产生了或直接或间接的影响，在很多国家的园林设计史上享有很高地位。

受中国传统园林影响最深的是日本园林。自汉以后，随着中国与日本开始有文化交流，“一池三山”“曲水流觞”等园林处理方式传入日本，对日本传统池泉式庭院产生诸多影响，平安时代的曲水宴就是日本式的“曲水流觞”。唐宋时期，中国传统园林大规模传入日本，后随着禅宗思想的传入，日本将二者融汇，形成了极富日本本土特色的“枯山水”园林，摒弃了以往推崇的池泉庭院。“枯山水”园林极具写意特征（图 5-28，日本高台寺枯山水庭院），以精选的石块或堆沙像山峦，又以水纹状白沙像湖海，间或点缀少量或灌木、或苔藓、或薇蕨，运用隐喻的手法在有限的空间中引发观者无限想象，追求禅意顿悟。日本园林虽然与中国传统文人园同源，而且同样追求天人合一，但在对天人关系的解读上，二者在手法、思想上表现出诸多不同。中国的文人园林侧重于儒，在诗情画意和浪漫情趣中，以生动形象表现乐天爱人的仁者追求；而日本侧重于佛，其园林表现出孤寂的智者形象，走向了枯、寂、佗的境界。

西方国家对中国园林的了解可追溯到元代，马可·波罗在其游记中就曾描述过元大都的太液池。而有所影响则是在17世纪之后，英国著名学者坦博尔在他的一篇文章中谈道：“还可以有另外一种完全不规则的花园，它们可能比任何其他形式都更美；不过，它们所在的地段必须有非常好的自然条件，同时，又需要一个在人工修饰方面富有想象力和判断力的伟大民族。”并说明这种园林是他“从在中国住过的人那儿听来的”。18世纪中期，欧洲开始了对中国古典园林的模仿，首先是自然风致园在英国兴起（图5-29，伦敦“Kew Garden”），然后传入法国。欧洲人在自然风致园的基础上开始尝试一些中国式的造园手法，如叠石、挖湖，甚至直接建造中国式的亭、榭、塔、桥，其后意大利、瑞典等其他欧洲各国也开始了类似的尝试。然而中西文化的差异使得这种尝试停留在浅层的外在形象的模仿，中国园林对自然美的审美历程远早于西方，所取得的成就也远高于西方，“人法地，地法天，天法道，道法自然”的哲学思想与天地为庐的生活情趣是中西造园差异的根本所在。

图5-28 日本高台寺枯山水庭院

图5-29 伦敦“Kew Garden”

中国的传统园林“虽由人作，宛若天开”的审美追求相较于西方园林，更加重视自然美，这并不意味着中国传统造园摒弃了人工，相反中国传统园林的营造需要大量人力来加工原有的地貌，甚至完全由人工所造。因此中国园林的意境营造很大程度上取决于造园者，如皇家一池三岛意仙山的仙家幻想，移天缩地入君怀的君王得意，文人雅士避世隐逸、远离尘嚣的出世情怀，不同造园者的不同文化素养和审美情趣共同形成了丰富意蕴的中国传统园林。反观西方园林却走上了以艺术之名改造自然的道路，成行成列的花卉绿植、笔直的道路、严格的对称和比例成为西方造园的特点。另一方面，中西园林造园所遵循的“法”有着本质区别，西方造园之法严谨匀称，以理性的审美循着几何式构图改造自然，而中国造园之法是对自然本身的概括提炼，循的是自然之法，虽无定式，却有定法，不立形式，而立章法。中国园林之于西方园林，建造技术互有高下，但是在园林与自然关系的处理方式上，则高下立判，因而，不难理解为何中国古典园林曾被誉为世界园林之母。

二、传统园林精神的当代解读

中国传统园林无论以现今的何种标准来评判，都是上佳之作，但在从传统走向现代的过程中，中国的园林设计却如坠迷雾，陷入长久的迷茫中。很长一段时期内，中国园林的现代转型主要存在两种声音：一种认为中国应该模仿西方传统园林到现代园林的发展模式，但是不同的文化基础和审美取向导致向西方学习的结果就是出现了很多不中不洋的奇怪园林，中国的本土特色在这次“革命”中日渐消逝；另一种观点认为仿古园林是现代中国园林应走的道路，但是在实践中，这种模仿仅仅停留在对传统园林形式上的简单模仿，甚至出现了仿古建筑成群，却忽视建筑与其他园林要素的统一，反倒失去了传统园林的精神。在经历了迷茫和大量探索尝试之后，中国现代园林应当何去何从？首先要由“人”的角度来看待这个问题，园子是由人所造，由人所览，无论东西古今都离不开造园者和游园者。西方传统园林的造园者大多为建筑师、雕塑家、园艺师，他们所受到的美学教育源于古希腊罗马的艺术，普遍认为艺术的真谛应当是将自然真实的表现，决定美的是比例，用数学方法寻求均衡和秩序，才能找到永恒的、稳定的美，因此，人工的、几何的、规则的园景构图成为西方造园者的首选，而在园林中的每一个细节上都追求形似。而同样接受这种美学熏陶的还有西方传统园林的所有者和使用者，这些人作为西方国家的统治阶层或者精神领导，并不满足于园林仅仅用来摹写自然，还同时要在造园时表现出符合自身的高贵气质，使之成为身份的象征，体现军权或者神权，所以造园的规模愈加宏大，装饰愈加细致，整体构图主从分明。不难发现，西方传统造园的设计者与使用者是相对独立的两个群体，二者虽有相同的文化根源，却因社会阶层的不同，使用者与设计者多为提出需求、解决问题的关系。

中国传统园林常分为皇家园林和文人园林，可以认为这是以园林所有者的身份来区分。中国最早的园林是皇家园林，文人园的出现略晚于皇家园，而且大多是模仿宫廷园囿所建，所以二者在早期并无本质的差异。这时中国园林人工模仿自然的痕迹很少，基本就是选择一处风景优美的环境来营造居所，而园林使用者和所有者为皇亲国戚和门阀士族。及至魏晋，士人隐逸之风渐兴，文人园从此开始替代了原始山野，成为士人“隐逸”之地。隋唐之后，文人园与皇家园林在气度与精神追求上已经开始有所区分。唐代是中国文学与绘画高度发展的时期，前文已探讨过山水画对于中国园林的影响，文人园可以看作是可游可居的中国文人画，而皇家园囿则是院体画风格的延伸。但是究其根本，无论是文人园还是皇家园，其所有者都有共同的文化根基，就是中国传统的哲学思想，都在中国人独有的自然观影响下把自身的精神追求假于自然，士人师法山林造隐逸之境，皇家营天下盛景于一处，造“大一统”之园，尽显皇家风范，中国人并非为造园而造园，而是为修身养德以造园。

魏晋之后，中国文人园林之所以能够兴起的另一个很重要的原因在于造园者的身份有所转变。此时造园，人工模仿自然的地方越来越多，园林的建造者虽仍然大多为工匠，但是园林的“设计者”则大都是文人墨客，甚至就是园主人，相同的社会阶层使造园者与游园者能更好地相互理解造园的追求，造园者的文学绘画修养决定了造园的意境。苏格兰人威廉姆·钱伯斯（1723—1796 年）晚年任英国宫廷总建筑师，年轻时曾在广州参观过一些岭南园林，他总结道：“布置中国式花园的艺术是极其困难的，对于智能平平的人来说几乎是完全办不到的……在中国，造园师是一种专门的职业，需要广博的才能，只有很少人才能达到化境。”[1]而现代园林设计的主要内容，无论东西方，都不再以私家园为主，而是转向开放性与公共性更强的城市公园，这种从私有到公有，由强调私密到强调公开的转变，也是传统园林向现代园林转变的主要内容。就中国而言，现代公园设计建造者的专业更加细分，不再以文

1 萧默：《建筑的意境》，北京：中华书局，2014，第 130 页。

人为主，而是专门的园林设计师、工程师，园林使用者的构成也复杂多样，涉及社会各阶层，而园林的所有权又归属官方所有，再加上现今的中国正处于一个多元文化共存的时代，这样看来，似乎中国园林的现代化发展在这样错综复杂的情况下陷于迷茫是无法避免的。且不谈这种迷茫的必然性，先来看一下中国传统园林到现代园林有了哪些转变。首先是造园的目的，中国传统园林的营造是为了体现个人的修养与情趣，而现代造园的目的则转为为大众服务；然后是设计者的转变，传统园的设计者是文人，大都对中国的绘画有极高造诣，以画意写盛景，而现代的设计者因专业细分，专业修养高于古代造园者，而人文修养却显不足；再次是游园者对园林的需求的转变，传统园林的使用者为士人阶层或王公贵胄，或为隐逸，或为享乐，游园是这些人生活中必不可少的部分，而现代游园的开放性决定了现代园林的设计面对的是所有的社会大众，无论贫富贵贱都可置身其中，大众对园林的需求也是多种多样的，有的需要活动场所，有的是为休憩游玩，有的是在其间寻找城市中的自然。还有一点不同在于园林的所有者，或者称为管理者的转变，古代园林是私人所有，而现代的公园归官方所有，不同的所有者决定了管理方式的极大不同。

这些变化是中国园林的现代化所必须面对的问题，其中如何合理正确地协调设计者、使用者、管理者在一园之间的关系，同时每一方面如何明确定位自身的社会责任，是现代园林设计与评价体系重建的一个重点。作为管理者的官方往往还兼具决策者的重任，因此需要从宏观上把控协调经济、文化、政治等各方面因素，同时在大众评论的走向上应提倡理性评论，对各方面的评论起到一定的分辨引导作用。而设计师在适应当下的客观形势的同时，不应拘泥于自身专业，盲目夸大自身专业的重要性，应当更多地提高自身的文化修养，拓宽思维，在广袤的文化积淀中吸收养料，并能尽量避免个人好恶，更客观地发出最有力的声音，传达最真实的园林。而依托于现今高度发达的媒体力量，广大的人民群众作为园林的体验者和使用者，通过众多媒体平台提出自身的需求与意见，不仅在一定程度上可以作为决策的依据，也会为中国现代园林的发展献策献力。三者之间应构成一个良性的系统，互相牵制，互相促进。

第六章　现代生活用品的传统气质

第一节　生活用品与现代工业设计

一、概念释义

生活用品，顾名思义，就是指日常生活中一些能够经常使用到的物品。从根本上来讲，生活用品可以分为五大类别，即衣、食、住、行、用。进一步来讲，我们在这一章中所涉及的类别主要集中在“用”上，亦即着重研究能够用于日常生活、在生产生活中经常被使用的、能够给人们的日常生活带来实际便利或者审美享受的产品。从原始社会的粗制简陋陶器，直到当今社会琳琅满目的工艺品，日常生活用品始终在人类社会中扮演着不可或缺的重要角色，在给人们日常生活带来实际便利的同时，也作为文化的载体，随着人类文明的进步而进化。在当代，随着科学技术的发展以及艺术和技术的相互融合，生活用品也有了形式和内涵两方面的双重追求，于是工业设计便应运而生。综上所述，当代生活用品即当代工业设计产品。

而“传统”，在字典中的定义是传承和统一前人社会经验概念的共识。在本书中，中国人概念中所指的“传统”在很大程度上指的是“民间风俗、文化传承”。中国历史悠久，文化源远流长。五千多年的历史沉淀至今，为我们留下了许多可供传承、值得传承、需要传承的物质精华与文化精华。中国传统文化以儒家思想为内在核心，兼具道教、佛教等诸子百家思想。从外在表现形式上来讲更是丰富多样，从古文字、古诗词，到民族戏曲、乐器，再到国画、书法、京剧、相声等，涉及各行各业，各个方面，包含了几乎所有的文化表达形式。传统文化就是经历了长时间的文明演化，从而汇集成的一种能够反映民族特质和民族风貌的民族文化。而中国传统文化就是中华民族历史上五十六个民族之中，各种思想文化、观念形态的总体表征。综上所述，我们可以说，传统气质就是带有中国传统文化气氛的设计精神。

工业设计（Industrial Design）是指以工学、美学、经济学为基础对工业产品进行设计的学科。工业设计从根本上来讲是一种具有创造性的活动，其目的是为了针对物品本身、物品的使用过程、物品的服务性质以及它们在整个生命周期中构成的系统建立起多方面的品质。国际工业设计协会联合会（International Council of Societies of Industrial Design，ICSID）对工业设计所下的定义是：“就批量生产的产品而言，凭借训练、技术知识、经验及视觉感受而赋予材料、结构、构造、形态、色彩、表面加工以及装饰以新的品质和资格，即工业设计。”工业设计大致可以分为四个大类别，即产品设计、环境设计、传播设计和设计管理。本章主要讨论的是狭义概念上的工业设计，即产品设计。

产品设计，即针对人与自然的关联中所产生的工具装备的需求所做出的响应，包括为了使生存和生活得以维持和发展，对所需的诸如工具、器械和产品等物质性装备所进行的设计。产品设计的核心是使产品与使用者的身心具有良好的匹配性和亲和性。

二、工业设计的起源和在国内外的发展情况

无论是在西方还是在中国，“设计”思路并非是一种有着明确的、可追溯根源的意识形态。设计是从艺术之中诞生出来，作为艺术和技术的一种有机调和而存在。工匠在制造器具的时候，有意识地利用审美来影响器具的外观和结构，这就是最初的设计。

工业设计在国内外都是一门新兴的学科。工业设计孕育于 18 世纪 60 年代的英国工业革命，诞生于 20 世纪 20 年代的德国。20 世纪初德国“包豪斯学校”成立，令设计正式作为一种学科登上了艺术与技术的历史舞台。德国魏玛包豪斯学校一直被称为 20 世纪最具影响力同时也最富有争议性的艺术院校，但不可否认的是，包豪斯创造并定义了现代设计的基本概念和教育理念。包豪斯的成立，标志着现代设计的诞生，对工业设计的发展产生了深远的影响。

其后，工业设计在 20 世纪 30 年代的美国得到进一步发展，50 年代以后，日本、意大利、北欧各国的工业设计发展很快，形成了多极的世界设计格局。

我国自20世纪60年代开始建立工业设计学科，80年代开始将工业设计引入高校。单从起步上讲，我们比欧美发达国家晚了半个世纪。由于我国经济发展起步较慢，多数人对工业设计的概念也不甚明确。大多数人对工业设计的认识跟不上时代的发展，不了解工业设计的真正含义，这严重制约了我国工业设计的发展。

由于意识形态的薄弱和缺失，我国的工业设计尚未能形成任何独立的风格。相比日本工业设计的精巧别致、德国工业设计的严谨理性、美国工业设计的个性张扬，有着几千年悠久历史和文化底蕴的中国，尚未能合理运用我们自己的文化来发展具有中国传统文化特色的工业设计产品。如何从博大精深的中华文化中抽出并汲取传统元素的养分，使之赋予我们自己的工业产品以活力，是发展中国工业设计最为重大的课题及难题之一。

第二节　传统元素的吸收

当代的工业设计产品中，我们已经可以越来越频繁地见到结合中国传统元素的设计案例，这些设计既来自本土的设计师，也来自国外的设计师。这说明中国传统元素的辐射扩散到了一个非常广的

区域。近几十年来在世界各地流行的“中国热”（图 6-1）也正说明了国际设计界对中国传统元素的期盼和需求。

传统元素的吸收在时间和空间上都有着不同的特点，根据时间和空间的不同，当代产品设计对传统元素的吸收程度、融合程度及表现程度都不尽相同。

图 6-1 中国热

一、传统元素吸收的时间特点

任何设计在吸收一种文化的时候，都会根据时间的长短而体现不同的形态。这种形态既通过外在表征反映，也通过内在含义被人解读，就好像将一滴墨汁滴入水杯，一开始黑白分明，然后渐渐模糊，最终融为一色。设计在吸收文化时，也必然会经历从最开始的生搬硬套、拼合和嫁接，到逐渐进行改良的模拟与模仿，直至最后的抽象、融合与创新。由于工业设计诞生于欧洲，大部分日用生活产品，尤其是科技含量比较高的产品都来自西方发达国家，因此这些产品在与中国传统元素相结合的同时，必然会随接触由中国文化带来的冲击而经历不同阶段——对中国传统元素进行理解、分解和再构成，即矛盾期、接受期和创新期这三个基本阶段。

（一）矛盾期——理解

矛盾期即理解的过程。在一种设计刚刚接触中国传统元素时，首先要经历的就是矛盾期。在这个时期，中国传统元素似乎和西方现代设计是不可调和的。例如，美国 20 世纪三四十年代开始流行的汽车流线型设计和中国的方圆有矩看起来似乎是格格不入的。流线型风格倡导的是圆润自如、没有棱角的现代感，而中国传统元素本身就和现代感毫无关系，中国传统中所倡导的中正平和、“无规矩不成方圆”等理念也自然不会接受流线型设计而打破常规框架的设计理念和仿生的设计意味。单就交通工具这一层面而言，我们可以通过观察船舶来很轻易地发现中国和西方的制作理念的差异。之所以在此处不称其为设计理念而是制作理念，是因为古代的工匠对于设计的重要性并没有非常主观的、理性的认知，设计是蕴含在制作中的、相对较为感性的一种思维方式和制作偏好。中国古代的船舶多为方头，而西方古代的船舶多为尖头。如何融合这两种传统文化中的分歧，设计出中国风格的现代汽车，中国的“红旗牌”汽车已经在这条路上进行了逐渐深入的探索，也设计出了一系列概念车蓝本。但直到目前为止，并没有太好的汽车制造商给出比较合理的答案。对流线型风格同样持反对意见的高技派和新锋锐风格同样也和中国传统的圆融贯通概念有所差异。因此，如何消除旧有的、西式的设计与新加入的、传统的中式风格之间的差异，如何在二者之间寻找一个可能的平衡点，使得设计既能够保持整体上与功能上的合理，不偏离设计本身的使用目的和存在意义，又能够体现出与同类型常规产品设计的不同与独特创新之处，体现出包含有中国传统元素意象的新概念，是设计在接触中国传统元素的矛盾期中所要探寻和解决的主要问题。

然而，反观数码产品设计市场，手机与音乐播放器等小型产品的外观与中国传统元素结合的成功案例就相对较多。如TCL推出的数款旗袍手机和步步高推出的青花瓷手机等(图6-2，青花瓷手机)。因此，矛盾期作用在不同类型的产品设计中所经历的时间长短也是不尽相同的。

图6-2 青花瓷手机

(二)接受期——分解

在经历矛盾期之后，设计的固有文化与“外来”的中国传统文化元素的隔阂逐渐消弭，设计已经开始试图与中国传统元素进行更深一步的相融与结合，即进入我们所谓的“接受期”。在这一阶段中，设计本身开始试图对中国传统元素的各个方面进行解读，在理解中国传统元素的起源、发展、方式、意象的基础上，将其进行分解。如果我们将中国传统元素比作设计的一种食粮，一道“中国菜”，那么矛盾期是我们刚刚看到这道菜时可以通过视觉、嗅觉，吃到嘴里的味觉、咀嚼的口感等来初步感知它。而接受期则代表我们已经将这道菜吞咽下肚，我们的身体已经开始对这道菜进行消化，分解其中的营养成分供身体吸收。由于对工业设计的理解程度不同，接受期之中的设计一般主要体现在国外的设计产品中。例如德国设计师Elements所设计的太极沙发“Yinyang-shaped”(图6-3)，设计师在借用中国传统元素时的手段已经显得圆滑自如而不突兀，设计的功能和形式开始取得统一。在这个阶段中，设计师已经将注意力及设计理念从“如何在设计中加上含有中国传统元素意味的部分”转向“如何在设计中体现中国传统元素所表达的含义与道理”。太极沙发是由两件组合在一起的独立沙发所组成，可聚可散，可合可离，此中有彼，彼中有此。不仅从外观上，而且从使用功能和使用方法上，太极沙发也体现了中国传统的左右逢源和中庸之道。这说明设计师对中国传统元素的理解层面已经进一步深入，开始从外形等表象特征渗入内在的深层次内涵中。

图 6-3 太极沙发“Yinyang-shaped”

由于中国传统源远流长，中国传统文化中包含了太多丰富且具有深度的元素，因此对工业设计理解程度不够透彻的中国本土设计师无法准确地发掘、抽取、运用其本身就浸透的中国传统文化并将之体现在设计产品当中。而对工业设计理解较深的国外设计师，由于其本身并不处于中国甚至东方传统文化的大环境中，因此对中国传统元素的理解不可能在短时间内达到一定高度和深度，也无法将设计产品和中国传统元素正确地相融合。这就造成了“接受期”时间较长的现状，对于中国传统元素及工业设计这两方面关键因素理解的差异，造成了当今成功分解、消化中国传统元素的工业设计师寥寥无几。但我们可以预见的是，在并不久远的将来，随着中国国际化进程的加快和世界对中国文化的热情持续提升，在经济发展的带动下，国内设计师的设计理念和意识也会迅速提高，国外设计师也会有更多机会深入接触和了解中国文化。这就必将会让传统元素的吸收进入新的阶段。

（三）创新期——再构成

在经历了咀嚼和消化的前两个阶段，设计已经将中国传统元素真正吸收，这样就会产生根植于传统元素的新设计。在此阶段中，传统中国元素将作为不确定的形式存在于设计当中，甚至可能几乎完全匿踪于设计本身，而仅仅存留极其简单的象征部分。在“创新期”中，传统元素将在分解后被重新组合，设计师试图用中国传统元素所编制的新语言来表达设计产品。当看到这一类产品，我们也许将不再能够立刻说出它“好像某种中国传统元素”，比如我们不会再觉得一部手机是以旗袍为设计蓝本，也不会再觉得一个沙发取了中国太极符号的外形，而仅仅只是觉得它很贴近东方，很符合中国韵味。至于为什么会这样觉得，我们需要进行进一步的思考才会明白。

当代很多中国设计师已经开始重视对中国传统元素的分解和运用，这便说明了在时间轴上，我们已经经过了形而上的、刻板呆滞的“矛盾期”，正站在“接受期”的中点，展望“创新期”，并正在逐渐向这个阶段迈进。

二、传统元素吸收的空间特点

除了接触时间的长短，当代工业产品在吸收中国传统元素方面所受到的另一个重要制约条件就是空间的限制。通过以下三类空间的区分，我们可以了解传统元素吸收的空间特点都有哪些不同。

（一）国内外的地域性空间区分

对于中国传统元素的吸收，首先根据地域性来划分，大致可以分为中国和国外两大部分。由于讨论的是中国的传统元素，土生土长的中国人自出生以来就在中国，所接触的中国元素，无论是从数量、质量是还从丰富程度、直接性上来讲，都要远远比外国具有优势。国内的设计师，可以以中国人特有的思维方式进行思考，通过一脉相承的文化来透过时间感受古代那种纯粹而直接的传统元素，可以以中国人特有的行为方式进行活动，通过得到的反馈直接对传统元素和设计的结合进行评价和改进，而这样的优势是任何一个外国设计师都无法比拟的。但由于经济基础的制约，国内设计行业起步较晚，大部分日常生活所用产品都并不是经过“本土设计”而产生的，甚至至今为止，我们无法诞生一个独特的设计文化。因此我们能够理解，国内环境对中国传统元素的吸收是有利有弊的，需要进行双方面的思考。

而国外设计起步较早，对工业设计尤其是产品设计的理解相对较完善，因此可以从流传到国外的、有限的中国传统元素中寻找灵感，开发出具有中国韵味的设计产品。但我们要认识到，从国外角度看中国传统文化，毕竟还是存在较大的理解偏差。因此至少在短时间内，不太可能产生较为优秀的结合有中国传统元素的设计作品。

（二）东西方的地域性空间区分

其次，我们可以再从地域角度将中国传统元素的吸收划分为东方和西方两部分。由于中国在近代之前，对周边地区的文化有着较为重大的影响，受此辐射效应，中国所处的东方区域，尤其是亚洲、环太平洋西海岸地区对中国传统文化的吸收程度要明显高于西方区域。

中国周边的国家在本民族文化中融合中国传统元素的例子非常多。韩国、朝鲜、日本、东南亚各国、印度等国的设计中或多或少都可以找到中国传统元素的影子。而发达国家非常注重在设计中体现本民族的文化精神。比如日本的产品设计在设计界享有着非常高的名气，这些都是我们值得去借鉴的方面。在西方社会，从《马可·波罗游记》的出现到丝绸之路的建立，直到现在人们一直对东方文化保持着长久的热情。在古代，拥有一件中国的丝绸制品或者瓷器制品在西方上流社会是非常奢侈和时髦的事情。近代以前西方的匠人和艺术家经常将中国艺术品的纹样和形态加入自己的创作中，但这也仅仅只流于表面。近代以后，由于中国的衰败，西方对中国传统元素的热情也一度破灭。直到改革开放以后，东方这头沉睡的巨龙才又一次开始在世界的舞台上苏醒过来，并再一次吸引全世界设计师的目光。

（三）国内经济条件不同地区的空间区分

单独就中国本身而言，其对于传统元素的吸收与解读程度也并不是平均泛化的。在中国国内，经济发达地区的设计理念和对传统元素的思考、探究和吸收的水平和程度要普遍高于经济不发达地区。沿海发达城市即一线城市（如北京、上海、广州、深圳）与国际接轨程度较高，设计产业发展较快，受外来文化冲击程度较强，这些特点使得经济发达城市对于设计的理解程度较高，但传统文化意识相对薄弱，文化杂合程度较明显。而内陆地区设计产业发展比较慢，设计的敏锐感及先进程度较弱，但受外来文化冲击程度不大，得以保留了相当部分的传统文化（例如延安、拉萨、香格里拉等）。

第三节 传统图形的取舍

从距今六七千年的原始社会开始，中国古代的陶器上便出现了装饰性的图案和花纹，也即彩陶图形，这标志着传统图形的开端。除了原始社会图形之外，传统图形还有古典图形、民间民俗图形、少数民族图形等。

原始社会图形是从原始社会流传下来的装饰性图形。西安半坡、马家窑等地出土的彩陶文物上所绘制的原始社会图形非常具有代表性。彩陶图形题材丰富多样，既有人物、动物、植物等实际物体的刻画，也有各式抽象的纹样，大多从自然界中借鉴而来，如水、火、风，另外还有编织图案和图腾崇拜纹样。原始社会图形大多造型简朴，线条粗犷，意味生动活泼，具有鲜明的层次感和节奏感。在图形结构上，原始社会图形已经熟练地运用对称、平衡、连续、放射、重叠、分割、组合、分离、联结等表达方法。

随着人类社会的发展，中国从原始社会进入奴隶制社会和封建社会，更多具有传统意味的图形被创造并且流传至今。古典图形从商周时期的青铜器图案、战国时期的漆器图案，一直发展到唐三彩陶器、明清时期的青花瓷图案、景泰蓝图案。这些图案形式多样，内容丰富，在艺术上各具特色。

随着人们意识的进步，老百姓根据地方特色、民间习俗创作并流传下来的具有民间风格和地方特色的图形也成为一种独特的图形文化，比如年画艺术、剪纸艺术、刺绣艺术、蓝印花布等。

中国是一个多民族国家，除了大部分集中在中原地区的汉族文化之外，各个地区生活的少数民族也创造并流传下来多种多样的具有本民族特色的图形，例如蒙古族、藏族的服饰及地毯装饰图形，布依族、苗族的蜡染图案，壮族、土家族、傣族的纺织图形，白族、苗族的刺绣图案等。

传统图形的内容取决于图形诞生当时所处的历史时期。大部分传统图形有着非常明确的含义和意象，也反映着当时社会的政治、经济、道德、伦理等诸多方面。

在日常生活用品的产品设计中，对于中国传统元素图形的运用是非常值得推敲的。一件成功的中国风格产品总是与合适的图形密不可分，而运用不当、杂乱烦冗的传统元素图形堆叠，只能造成反作用和负面效果。如“上上签”闪存盘（图 6-4）就将中国传统的求签祈福文化以非常简练概括的形式融入了产品的设计之中，非常具有新意和创意。

图 6-4 “上上签”的闪存盘

一、传统图形的时间划分

按照历史的推进，从原始社会开始到清末近代史结束，传统图形在不同的历史时期呈现出完全不同的鲜明特点。

原始社会的人面鱼纹、双体鱼纹彩陶图案寓意生活富裕，种族繁衍。商周时期以夸张的张目巨口、狞厉威严的兽面纹象征奴隶主阶级的权威，在形式上，采取器形中轴线、两旁对称的方法，表现出雄伟、稳重、庄严的艺术效果。战国时期的青铜图案常以活泼优美的几何形与动物变形穿插组合，并采用耕耘、战斗、狩猎、宴飨、比射、乐舞、采桑等题材，反映封建地主阶级政治理想的萌芽。秦汉时期建立了封建统一的帝国，耕耘、狩猎、宴飨、比射、杂戏、乐舞、车马等图案风格写实，形象概括，姿态生动；在瓦当、铜镜、漆器、织锦等图案中还应用“延年益寿”“子孙无极”“长乐明光”等吉祥文字，加强思想内容的表达。南北朝时期，人们在长期战乱流徙的痛苦中追求安定的天国世界，宣扬修生可以轮回转世的佛教思想成为人们的精神支柱，清瘦俏长、柔美宁静的图案形式和超凡脱俗的佛教题材便成为南北朝图案风格的主调。隋唐政治安定，物质生活充裕，象征人间温暖幸福的图案题材（如繁花茂叶的卷草，安详温驯的瑞兽，嘴衔花枝瑞草、缨珞珠宝、同心结带的珍禽，综合各种花卉特征的宝相花以及象征丰收的瑞花等）造型丰满，线条饱满圆润、色彩富丽，反映出太平盛世的繁荣景象。宋代，封建主追求靡丽的生活享受，图案以工致细腻的写实风格为主。元代，蒙古族刚劲粗犷的装饰风格和大量用金的审美嗜好改变了南宋图案的柔丽之风。明清时期，不少图案在吸收前代装饰传统的基础上，造型已趋于程式化，在思想内容方面则把社会的政治、伦理、道德、价值观念及生活理想与图案形象结合起来，表现一定的含义，即所谓图必有意，意必吉祥，称为吉祥图案（图6-5，吉祥图案）。

由此我们可以看出，传统图形在历史中的发展和人们的意识形态直接相关，大部分以祈求生活的美满幸福、寄托对未来的美好期盼为内容。对福、禄、寿等吉祥寓意的追求和向往，穿插了整个传统图形发展的过程，即使到了21世纪的当代，传统图形在表达意象上也并不落后。

图6-5 吉祥图案

二、传统图形的取与舍

尽管中国传统图形大多象征着幸福美满，具有很高的精神层次意味，但将其运用于当代的日常用品设计之中，某些图形的形式和内容还是可能会和当代的社会精神需求与取向产生一定的冲突。这就要求我们对传统图形以当代视角进行重新认知和解构，在此基础上对传统图形既不全盘否定，也不照单全收。对其有所保留有所舍弃的态度是让传统图形在当代社会焕发持久活力的最佳方式。

（一）取精华，舍糟粕

精华与糟粕本身是一对相互对立的反义词。而对于中国传统文化而言，并不是除了精华就是糟粕，其本身的绝大部分是既不属于精华亦不属于糟粕的“中间地带”。因此在讨论如何取舍某些传统元素之前，首先要明白的是，我们要弘扬和舍弃的仅仅只是一小部分传统，已经存在和发展了五千多年的中国传统文化是有其深刻深远的存在意义和价值的。在中国传统元素这个课题中，我们只能进行改良、改善，进行部分调整和取舍，而不能如“文革”时期一般进行大破大立，片面地进行抛弃和宣扬。

中国传统图形其实并无所谓的精华糟粕之分，其所象征、表达、蕴含着的中国传统文化中的某些价值取向、意象精神才是我们要扬弃的部分。要讨论取舍哪些图形或者取舍图形中的哪些部分，我们便必须先要对中国传统文化有着全面的理解和认识。从大方向来着眼，封建迷信、重农抑商、奴性观念、愚忠愚孝等文化价值观是需要被舍弃的，从细节来看，诸如女性缠足、多妻制等遗俗也是需要予以摒弃的。

然而，对传统图形进行评价、甄别和批判，必须要从多方位、多角度来着眼，从全局进行考虑。时代在演进，盖棺定论地说某种文化是精华或是糟粕，从辩证的角度上看都是很容易失去立足之地。我们必须以发展的眼光来看待中国传统文化，来运用中国传统元素，必须立足当下，着眼未来，有联系地进行审视和评价。事实上，抽象地或纯学术地讨论中国传统文化的精华与糟粕，并没有太多的意义和价值。对于今天的中国人来说，我们真正需要的不是评判传统文化中哪些是精华，或者哪些是糟粕，而是探讨哪些传统文化已经过时了或不合时宜了。对于不合时宜的传统文化，重要的也不是对其进行批判，而是将其封存（留而不用）或改造。改造传统文化，包括从心态上的改造和实际上的改造：所谓心态上的改造，即降低对该文化的笃信程度及其价值认同；所谓实际上的改造，即改造其不合时宜的成分，增加新的文化成分。

（二）取整体，舍零碎

正如前文所说，中国国内设计师对传统元素、传统图形所进行的运用尚不成熟。生硬地照抄照搬，把传统文化图案简单地印在当代产品的外观上，这样的产品如何能够称作中国风格？这样的方式如何能够称为具有中国传统特色？充其量只能被称作本土化。在手机或者笔记本电脑上加上几道云纹、做一个中国结形状的指示灯，或者刻意去模仿古典器物的外观，这都是相对比较初级、没有经过思考的产物。

传统图形之所以能够穿越时空依旧散发出经久不衰的魅力，其原因主要有两点。一是各个时期的传统图形都承载着当时的时代特色，当我们看到某一时期的图形时，便能联想到彼时的社会风貌、风土人情。二是传统图形并非单独呈现，而是结合了多种不同的元素，从颜色、质地、形态、结构、肌理等多种角度进行统一。因此，单独抽离出视觉上抢眼的元素复制粘贴到当代设计当中，而忽略了几种元素之间的关联性，这种做法势必会造成产品设计缺乏整体感，整体设计风格禁不住推敲，甚至会让消费者受众群体觉得“不伦不类”，闹出很多笑话。

在应用中国传统图形时，只有充分考虑到图形的内在含义，由内发于外，才能对该图形有着全面透彻的理解，这样无论是运用还是改造时才不会产生偏差。例如北京 2008 年申奥标志（图 6-6），整个标志中并不能找到具体的中国传统元素图形，但却能够从整体中明确地体会到一种中国文化，感觉到一种中华文明的统合。北京 2008 年申奥标志整体结构取自传统吉祥图案“盘长”和“太极”，加以中国传统书法的笔触进行联结融合，其中又可以感受到作者融入了中国结的意味，环环相扣，既体现了中国人团结一心的民族优良传统，又包含了世界五大洲的团结协作之意象。申奥标志是中国传统图形舍零取整的典型成功案例。

（三）取内涵，舍表理

在舍零取整的基础上进一步来考虑中国传统图形的取舍，我们可以再上升一个高度，试图凝练提取中国传统图形中的内涵，再用现代的语言来进行表达。在这一层面上，我们甚至可以完全不拘泥于形式层面上的“传统图形”，而利用任何表达方式来对传统图形所包含的寓意进行重新表达。比如中国传统的中庸之道、圆融之道等，这就要求设计师在中国传统文化中进一步探索挖掘，以对中国传统文化乃至华夏文明、炎黄文明的更深层次的理解进行设计创造。

图 6-6 北京 2008 年申奥标志

第四节 传统意象的复兴

当今世界有一个流行词汇叫作“软实力”，最初是由美国著名的国际政治学家、哈佛大学教授小约瑟夫·奈提出的。软实力在当代信息化社会的重要性正在变得愈发明显，已经开始体现出其对国际关系看法的深刻影响。人们的目光正从领土、经济实力、军事实力等硬实力上面逐渐转向道德、价值观、影响力和感召力等软实力上来。中国人民大学新闻学院教授喻国明指出：“一个国家是存在两种实力的：一种是硬实力；一种是软实力。硬实力通常是指国家的 GDP、硬件设施等，而文化、制度、传媒等被称为软实力。”

在诸多软实力中，文化软实力有着非常重要的内涵和意义。党的十七大把文化软实力这一概念写进党代会的报告当中，从此被国人所广泛熟知。将文化软实力写进党代会报告，正说明了我国在推进社会发展的进程当中对于文化的重视程度。习近平总书记在主持中央政治局 2013 年第十二次集体学习时指出，提高国家文化软实力，关系“两个一百年”奋斗目标和中华民族伟大复兴中国梦的实现。中央党校教授戴焰军认为，文化是社会重要的精神支柱，强调文化的力量，既能丰富人民群众的社会生活，也能创造不同于科技、经济等的新的发展动力。

在认识到文化软实力重要性的同时，我们必须认清当代中国文化软实力的现状。中国对于传统文化的宣传和推介尚处于原始状态，优秀的文化传统资源优势并未充分转化成为强大的现实生产力；文艺演出、语言文化、图书出版等文化领域面临着“文化赤字”；对于中国文化形象的认知存在一定的偏差，忽视了对传统文化资源的创新和改造。

中国传统文化是上下五千年文明的精华汇聚，是中华民族的灵魂寄托。之所以说复兴，是因为中国近代经历了几个破坏和抛弃传统文化的时期，其对于中国传统文化的摧残是显而易见的，在近代之后，中国传统文化进入了一段休眠期。在这段休眠期，仿佛我们大家都不再看重它，视传统文化为拖慢我国经济发展、国力增长的累赘和绊脚石。如何在我国国力稳步增长、人民生活水平逐步提高、国家在国际的影响力逐渐上升的当代时期着手恢复被破坏的传统文化，从而有效提高我国文化软实力，是我国未来发展规划中的重要环节。

中国传统文化意象的复兴不能仅仅停留在口头号召上，也不能在模仿的层面上止步不前，必须走上规范化、批量化生产的道路，规模性地推出具有代表性的文化精品。这需要将解读文化和市场投入这两方面进行有机的结合，同时要借助政府的投入和大力支持。首先要提高的是官方的文化高度，在官方的带头作用下，整体提高人民的文化素质，只有这样才能够让中国传统文化有复兴的土壤，有复兴的空间，有复兴的可能。

一、传统意象在国际影响力中的体现

在经济全球化的影响下，各国的文化也呈现出交流与交锋、合作与较量的新格局，文化已经成为西方国家颠覆和控制别国、实现自身战略意图的重要工具，文化领域已经成为政治斗争和意识形态较量的重要领域。所以，大力提升本国的软实力已在国际主流社会达成共识。我国通过举办大型博览会、运动会等国际交流项目，不断构建本国传统文化软实力，现在已经收到了非常良好的效果，有效提升了我国传统文化在国际舞台上的知名度和影响力，在世界范围内掀起了“中国热”。

2008 年成功举办的北京奥运会率先吹响了中国构建文化软实力、让世界了解中国传统文化的冲锋号。北京奥运会的开幕式以一种浩瀚博大的盛展形式，将传统文化以一种爆炸震波的方式，从北京鸟巢体育馆推向了世界。无论是日晷、击缶这种实际存在的、具象化的文化元素，还是干支纪年、十二时辰这种非物质文化元素，更抑或孔孟之道、儒墨道法等国学思想，在北京奥运会开幕式（图 6-7）中均有集中体现。

图 6-7 北京奥运会开幕式

2010 年成功举办的上海世博会更是构建中国文化软实力的又一次突破。经过中华人民共和国 60 多年特别是改革开放 40 多年的努力以及 2008 年北京奥运会的成功举办，很大程度上提升了我国的文化软实力，我国的国际话语权也拥有了更广阔的空间。2010 年上海世博会又为展示中国文化、增强人民的文化自觉提供了宝贵的契机。世博会的价值有四个“大”，即大展示、大交流、大合作、大发展，它对于中国的展示既是对国家形象的宣传，又是对中华文化的传播。借助这次世博史上规模最大的博览会为载体，我国充分展示了中国五千年的灿烂文明、改革开放以来的光辉成果和中国城市的美好生活（图 6-8，上海世博会中国馆）。

图 6-8 上海世博会中国馆

“设计上海”国际设计创意博览会于 2014 年 2 月 27 日到 3 月 2 日在上海展览中心举行。“设计上海 2014”（图 6-9，“设计上海 2014”中的作品）是上海首个真正国际化的设计盛会，是中国迄今为止规模最大的国际原创家居设计博览会，逾 150 个世界知名设计品牌齐聚上海，其中 90%的品牌为首次被介绍到中国，是国际优秀设计在中国的首次集体亮相。这次设计展会的主题是“当西方遇见东方”，我们可以从中看出，通过十几年的积累、交流、宣传，中国传统文化已经作为东方文化的重要代表部分在国际舞台上与西方文化进行碰撞。在这次设计创意博览会中，许多设计作品巧妙而适宜地融合了中国传统文化元素，以一种令人震撼和耳目一新的感觉出现在人们的视野中。这些作品不仅仅来自中国本土设计师，很多的也出自世界各国设计师之手，这说明了中国传统文化的复兴不仅仅只局限于国内，更是一个全世界范围的里程碑式的觉醒。

图 6-9“设计上海 2014”中的作品

二、传统意象复兴在国内的发展

如何在产品设计中复兴中华民族传统文化，不仅是留给产品设计师们的一个重要难题、大题，也是留给整个设计界和艺术界的问题。

一方面，我们要将传统文化意象的复兴融入教育。设计的土壤是文化，而文化与教育息息相关。

中国传统文化是一种信仰、一种精神，也是一种价值观。我们只有通过教育，让大家重视伦理道德、礼义廉耻的传统精神，在这种重拾信仰的基础上，我们才有可能谈复兴传统文化，才有可能做出真正渗透进传统文化精髓的设计作品。

另一方面，我们要意识到传统文化也是不断处于发展和运动中的。不能单纯地将传统文化死板僵硬地解读为孔孟之道、儒墨道法、忠义礼智信等表象的含义，更应结合现代社会的需求和特点，将传统文化和现代文化进行有机的结合统一，就好比在树木上面做嫁接，在传统的根基上嫁接具有当代特色、富含当代活力的新枝条，让传统文化与现代文明既不脱节，也不落伍，从而得到生存发展的空间，这才是真正意义上的文化复兴。

第七章 现代服饰设计的传统风韵

服饰作为一种有着深远而多姿多彩的历史文化，因地域、气候、风俗习惯及社会制度的差异孕育出了不同的服饰文化。服饰文化也同建筑、景观文化等一样，通过款式、色彩、面料、工艺等不同的表现形式以及饰品的不同搭配来展现着各个地域、各个时代的独特魅力。正如郭沫若先生所说的"衣裳是文化的表征，衣裳是思想的形象"，服饰不仅是人类赖以生存的物质基础，也是人类精神文化的重要表现。在中国悠久的服饰文化艺术中，人们对传统文化的认识能力、创造能力和支配能力都承载着人们的审美观念和中国精神，那些独特的服饰质料、服饰图案、服饰配饰、服饰色彩以及服饰局部的立领、侧衩、盘扣、团花、斜襟、刺绣，还有绲边工艺等很多中国元素都代表着东方文明的精神与品质，这些文化精髓也都在当代服饰设计中得以传承与发展。通过对这些传统服饰元素的再发现，我们应寻找到传统与现代的契合点，做到兼容并收，融会贯通，使现代设计在融合了传统精髓下又具有时代的精神，真正做到古为今用。

第一节 传统质料的再发现

一、中国服饰艺术的初兴

我国服饰艺术的传统手工艺源远流长、绚烂多彩。早在远古时期，我国就有了缝制服装用的骨针和锥等工具，先人们利用这些工具进行简单的缝制，从此拉开了中国服饰发展的序幕。

最初，人们的服饰设计灵感来源于他们的生存环境，他们用从大自然获取到的兽皮、植物叶片、草藤、鲜花等材质直接包裹身体，既满足了基本的保暖功能，又起到了护身蔽体的功能，即所谓的保护性服饰。后来，随着骨针的发明，先人们开始对服饰美感有了更多的探索与追求，他们将获取来的兽皮、枝叶等材质，按照自己的身形比例及审美需要进行设计、剪裁，再用骨针将其缝合在一起，做成袍、衫、裤、群等多种形制的衣裳，最后再用羽毛、贝壳、藤条、鲜花等材质进行装饰，使服装形式开始变得丰富多彩。他们还描绘出不同的图腾赋予服饰更多的内涵，最初人们是崇拜图腾，就把崇拜的图腾文在身上，后来因为纹样被衣服所遮盖，他们就在衣服的面料上画出各种各样的图案，从而出现了“画缋”工艺和服饰纹样，创造了最初的一些服饰工艺。他们在生活劳作中将身边看到的事物、喜欢的事物，通过写实或艺术加工绘制在不同款式的服装上，使单调的服饰变得更加丰富多彩且富有意义。随着时间的推移，先人们又对服装面料的探索产生了浓厚的兴趣，在不断的尝试中[1]。他们发现动、植物纤维也可以用来制作服装，他们将树皮浸泡在水中一段时间，再用工具捶打将杂质去掉，再漂洗干净，最后再把剩下的纤维揉软并展平晒干，这样就制成了一块完整的服装面料，这就是最早的人造面料。到了距今六七千年前的仰韶文化时期，随着养蚕和纺丝的发现，纺织技术也随即出现了。伴随着骨针的发展，纺轮、纺坠、骨笄等纺织工具也相继出现，进一步丰富了服饰的表现力，麻布、纯毛织物、丝绸等质料也陆续出现，开创了服装纺织工艺的新时代。

二、传统服饰工艺的沿用

伴随着我国服饰工艺的不断进步与发展，印、染、织、绣等工艺也相继出现，制作技艺也由原来的简单缝制向精工细作推进，镶、滚、包、贴、绘等新的艺术形式层出不穷，在我国服饰艺术史上都烙下了浓郁的时代特征与民族特色。

在这些传统服饰手工艺中，印染工艺、刺绣工艺以及拼接工艺最具代表性，这些工艺被广泛地运用于现代服饰设计中，特别是领口、袖口、门襟、下摆等位置。设计师们借用这些传统工艺，并对其进行改进，既保留了传统意蕴又符合现代美感。

（一）手工印染

手工印染是指服饰面料通过手工染色和印花方式，赋予面料新的视觉效果（图 7-1，印染工艺）。手工印染的历史悠久、技法多样，早在《后汉书》中就记载了苗族、瑶族先民“长沙武陵蛮”就织出了“衣裳斑斓”布。在众多的印染技法中，蜡染、扎染（图 7-2 扎染工艺）和靛染最为普遍。

图 7-1 印染工艺

图 7-2 扎染工艺

1 高格：《细说中国服饰（彩图版）》，北京：光明日报出版社，2005，第 14 页。

蜡染是通过防染材料在面料所需显示花纹的部位进行各种手绘涂蜡，再染色，最后经高温脱蜡而形成图案。棉布蜡染、真丝蜡染以及泼染、手绘印染等技法使图案花纹千变万化。扎染是通过对面料自由扎、折叠扎、针法扎、夹板扎、卷压扎、弹簧扎等工艺加工，再染色而形成图案花纹，经过特殊处理后的这些图案花纹随意自然，颜色渐变，有深有浅，明暗交融。靛染是利用蓼科植物中提取的染料对织物进行染色的一种方法。靛染织物的色彩以蓝色为主，颜色由浸染的次数决定深浅。2004年普拉达（Prada）春夏发布会中设计师就运用了传统印染工艺，使服饰达到了意想不到的效果，从此，传统印染工艺便频繁登陆各大国际秀场的舞台。艾特罗（Etro）春夏男装成衣（图7-3，图7-4）作品中，设计师运用了丰富的民族图案，裤子采用数字印花工艺，围巾则运用扎染、蜡染工艺，与裤子的民族图案交相呼应，特别的处理手法配以简单的款式造型，大大提升了服饰的艺术审美价值。YiGu春夏女装成衣（图7-5）作品的设计师也运用了传统印染的手法，使服饰纹样自然而独特，这样既体现了设计师的款式设计特点，同时也展现了扎染所要展示的图案和表现的意境。

图7-3 Etro艾特罗2010春夏男装成衣一

图7-4 Etro艾特罗2010春夏男装成衣二

图7-5 YiGu春夏女装成衣

（二）传统刺绣

刺绣工艺又名“针绣”，古称“黹”或“针黹”，俗称“绣花”，是在面料上以针线反复穿绕而形成纹样的一种装饰工艺。作为服装设计师们最偏爱的民族服饰元素之一的刺绣，可谓是现代设计中不可或缺的工艺表现手法。一般常用的针法有白绣、黑绣、金丝绣、暗花绣、抽纱绣、雕绣以及添加附加装饰材料的金银饰绣、串珠绣、饰片绣、缎带绣、拼花绣、贴布绣、绳饰绣、镜绣、在网纱或半透明薄纱上进行的网绣等。刺绣工艺在现代高级服装定制中运用最为常见，像杜嘉班纳、纪梵希、香奈儿 、夏姿·陈等品牌的高级定制系列均是手工刺绣完成。如图7-6所示，设计师运用刺绣的方式将丝线、金银线、珍珠等元素手工缝制在服饰面料上，形成了细密而丰富的图案效果，淋漓尽致地展现出其特有的韵味，使服饰变得更加富有特色的同时也提升了一定的文化内涵。图7-7中，设计师则将珍珠秀这一元素搭配到了富有现代感的裤装上，新颖的搭配为平庸的牛仔裤增色不少。图7-8和图7-9更将中国传统韵味的刺绣发挥到了极致，传统图案配以传统工艺为服饰视觉效果增色不少。

可见刺绣在现代服饰设计中的地位已经是非常重要了。

图 7-6 香奈儿高级手工坊系列

图 7-7 杜嘉班纳女装成衣作品

图 7-8 Just Cavalli2013 秋冬作品一

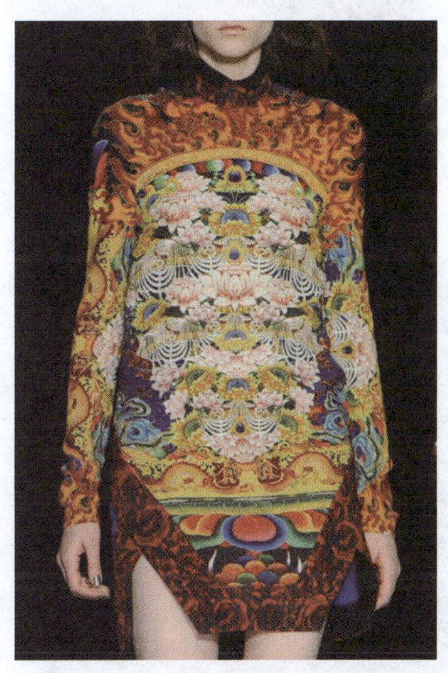

7-9 Just Cavalli2013 秋冬作二

（三）剪纸艺术

剪纸是流传于我国传统民间社会的一种特有的民间艺术形式，至今已有三千多年的历史。剪纸的镂空艺术在中国传统艺术中极具表现力，是一种装饰性极强的艺术表现形式。它是利用刻刀或剪刀等工具在画面上雕刻出图案，这一装饰手法作为艺术的一种表现形式在现代服装设计上的应用也极为广泛。如瓦伦蒂诺、缪缪、杜嘉班纳、亚历山大•麦克奎恩等国际品牌常常使用这一中国元素。设计师们纷纷把质朴的剪纸艺术用现代服饰设计的手法进行诠释，在雕刻的基础上又采取了抽纱、撕扯、拼贴、剪切等新创意，无一不是在对剪纸艺术做着新的诠释。动物、树木、花朵、山水以及中国传统的窗花剪纸等图案成为设计师们常用来表现镂空艺术的主题，其中有的设计师直接将剪纸图案镂空在面料上；有的则将其演绎变化，在窗花剪纸图案的原型上进行改动与创新，无论是艺术表现力、装饰图案还是服饰面料都更加时尚与现代，也更符合现代人的审美需要。如图 7-10 至图 7-13 所示，都是这一艺术形式的杰出代表，服饰的面料用剪切和雕花等手法来镂空，图案精致且蕴含了中国传统文化的韵味和气质。

图 7-10 Ralph Lauren 根据电影《龙女》设计的晚礼服

图 7-11 Marchesa 2009 春夏女装作品

图 7-12 华裔设计师谭燕玉（Vivienne Tam）设计作品一

图 7-13 华裔设计师谭燕玉（Vivienne Tam）设计作品二

（四）盘花工艺

盘花工艺是一种工艺性很强的民族设计元素，指的是先用布带结成襻条，再盘出图案的一种工艺。盘花工艺又分为盘花、盘纽。盘花一般用于领口、前胸等处，产生一种虚实结合的艺术效果。国际上有很多服装设计师都曾对盘花工艺进行了新的尝试，如图 7-14 至图 7-17 所示，在 D&G2015 年时装发布会中，设计师以现代服装造型为基础，写意化地运用中国盘花工艺，赋予面料以新的视觉肌理效果，可谓对中国元素进行了新的时尚化演绎。简洁的图形、考量的工艺很好地体现出古典、高雅的韵味。

图 7-14 杜嘉班纳女装成衣作品一

图 7-15 杜嘉班纳女装成衣作品二

图 7-16 杜嘉班纳女装成衣作品三

图 7-17 杜嘉班纳女装成衣作品四

三、缤纷多彩的服饰纹样

服饰纹样以无言的静态记载了特定历史时期的政治、经济、文化以及人们思想领域的一些活动，古人把面料上的纹饰叫作“文章”，可见服饰纹样的内涵之深、精神之广。《中国美术大辞典》对服饰纹样是这样注释的:“应用最多的是植物纹样、动物纹样和几何纹样，图案的表现方式也大致经历了抽象、规范和写实等几个阶段。”商周前的服饰图案较简洁明了，富有抽象的意蕴；周以后，服饰纹样日趋工整，上下均匀，左右对称，构图缜密；明清时期，服饰中的纹样图案则以写实手法居多，纹样刻画细腻生动、栩栩如生；清代后期这一写实逼真的效果追求达到了巅峰；现代服饰的纹样则与传统纹样的造型表现形式如出一辙，造型语言上追究上不重“写实”重“传神”，不重“再现”重“表现”，大量运用简洁抽象的纹样设计形式，从内容到形式上着重体现“简于象，而不简于意”的精神内涵。

我们的先人创造了许多向往追求美好生活、寓意吉祥的纹样，这种反映意识形态的装饰纹样具备了特殊的含义，图必有意、意必吉祥的文化追求折射出父母对后辈的期望、恋人之间的真挚情谊以及朋友兄弟间的诚挚祝福。图案传达出来的吉祥寓意以求使用者能迎接顺势与福分，这也正是中国人文哲学思想精神之所在。在服饰纹样题材上人们大量运用了具有祈福纳吉的吉祥纹饰，这些图案巧妙地运用人物、走兽、花鸟、风雨雷电、日月星辰、文字等，以神话传说、民间谚语为题材，通过借喻、双关、比拟、谐音、象征等手法，创造出图形与吉祥寓意完美结合的艺术形式。明代服饰图案中的龙、蟒、飞鱼、麒麟、凤凰、仙鹤、鸳鸯、喜鹊、狮子以及明清两代常用的“桃花流水”的纹样都成为表达服装整体精神内涵不可或缺的一部分。然而，从纹饰象征意义的角度来看，纹样的象征性特征显然比服装的造型结构、材料质感更加直观明了，这种符号学的概念让人印象深刻。

这些传统纹样的使用位置、面积大小、色彩分配也颇为讲究，以二方连续的构图形式来表现的那些规则的回龟纹、菱形纹、云雷纹常用于服饰的领口、袖口、前襟、下摆、裤角等边缘处及腰带上，起到画龙点睛的作用；而以动物、植物、花卉、文字等构成的装饰图案则多用于服饰的显著位置，着实体现出先人们在服饰上的巧妙构思。可以说，这种具有历史渊源、富含民间特色，又蕴藏着吉祥意义的中国传统吉祥纹样是中国传统文化与艺术表现密切结合的产物，是中国服饰蕴含典型中国文化特色的表现方式之一。

这些富含中国韵味的吉祥图案也越来越多地被现代服装设计师们运用在自己的设计作品中，其中青白相间的青花瓷装饰纹样的身影常出现在各大秀场。青花瓷一直以来以其优美的纹饰、独特的颜色和艺术的造型颇受关注，它代表着一种极具中国传统韵味的民族文化。青花瓷和其他许许多多的民间艺术一样，题材大多来源于生活，描绘的是人物、动物、山水、花卉等富含吉祥寓意的图案，蕴含着丰富的东方色彩。在 2008 年奥运会上，奥运颁奖人员的礼服服装设计就采用了青花图案（图 7-18，2008 年北京奥运会颁奖礼服）。这套礼服被认为是最具有中国韵味的系列服饰之一，蓝白相映的旗袍式长裙再配以中国传统手工艺刺绣的手法与干净纯洁的白色丝绸面料，形象逼真地再现了青花瓷的艺术魅力，典雅脱俗，古色古香，尽显中国韵味。国外 T 台上的设计师们也将中国传统纹样与现代服饰的形制和质料相结合，用他们自己对中国传统纹样的理解诠释着独特的中国传统民族文化（图 7-19 至图 7-21），也别有一番韵味。

四、禅意美学下的传统质料

“无用”是一个低调的中国品牌，其服饰的设计灵感来源于大自然与中国的传统手工技艺和传统面料。“无用之土地”系列作品（图 7-22 至图 7-25）很好地表达了设计师的设计理念。设计师将服饰深埋于土里，经过时间的演变，当衣服取出来后其上用衣料本色布制作的图案经过土壤的浸染而显得古朴雅致，服饰变得斑驳沉重且皱褶不一。这种对服饰的诠释更多的不是对衣服穿着的探讨，而

是对中国精神的探寻。设计师运用传统图案的手法并非单纯的拿来主义，而是在设计概念中融入了创

图 7-18 2008 年北京奥运会颁奖礼服

图 7-19 罗伯特·卡沃利（Roberto Cavalli）设计的“青花瓷”礼服

图 7-20 杜嘉班纳 2009 年春夏男装一

图 7-21 杜嘉班纳 2009 年春夏男装二

新的处理手法，将部分设计交给了自然，这与中国文化在思想观念上强调人与自然的和谐统一，即“天人合一”的哲学思想一脉相承。自然参与设计下的服饰图案更充满特殊的肌理感与文明感，也形成了服饰独特的雅致韵味，制作后的服饰中透露着一种含蓄美，但却能够使人明显感受到其深邃的文化表达和艺术特征。

图 7-22 无用之土地系列一

图 7-23 无用之土地系列二

图 7-24 无用之土地系列三

图 7-25 无用之土地系列四

设计师马可说：“无用的创作对于我意味着从现在开始，我将只听从心灵的声音，所有的人都在追求有用，做有用的人，买有用的东西，是否有用甚至已成为我们做事的前提，但眼前的有用和未来的价值往往不同，我喜欢无用，这样才能赋予它新的价值，因为价值从不在物件本身，而在使用的人。”[1] 无用到底要做什么？一篇写于 2007 年的文章《我对服装设计师身份的认识》给出答案：“我不满足于服装在生活中的实用性和装饰性，我深信最伟大的最高尚的创作动机应该是出于‘关心人’，对‘人’本身的终极关怀——关心人的情感、关心人的精神世界。”这就是“无用”的精髓，也就是“少即多”的设计理念，一眼看过去似乎是毫无用处，内涵却很丰富，正是这种“空”才能收藏东西，也正是这些“无用”，赋予了在一切已知之外保留一个超越自己的机会，这样的设计是最自然的呈现，没有束缚，才更有自由发展的空间。“无用”的设计，也是一种价值导向，今天的很多品牌都以诱发消费者产生所谓“这个最好”“非它不可”的强烈喜好为目的，在这样的一种时尚趋势下，人是匮乏的，你拥有的越多越觉得不够。而“无用”的理想却不在此，它想传达给消费者一种“这样就好”的满足感。这也正是马可在“无用”巴黎展上用“奢侈的清贫”重新定义的奢侈的概念，“无用”一直延续其在当代艺术与人文思考上的探索，寻找人性中最本质的东西，最低限度地对物质占有，追求自由和充实的精神生活，不执着于一切世俗的欲望，这一切都源于自身主动选择，而非出于被动或无力改变的现状。“无用”完全释放了设计师本人对于“禅意美学”的深度思考。由此可见，具有民族特色的文化成果，它既包含有形的物质形态又包含无形的精神形态，只有当两者完美融合时，传统文化才能得到最佳的传承与展示。

第二节 传统饰件的融创

一、传统配饰艺术的溯源

佩饰并不只是人身上的配饰品，也不只是整体服饰形象上的点缀物。佩饰是服饰形象的重要组成部分，如各种头饰、领饰、肩饰、胸饰、腰饰、手饰、脚饰、包袋、帽子、鞋袜、手套等都可以称为配饰，甚至肤体装饰如绘体、文身等也属于服装配饰的范围，其历史可以追溯到原始社会。关于配饰艺术的起源，众说纷纭。有的认为配饰源于护体，有的认为源于遮羞，有的认为源于装饰。不论是护体、遮羞还是装饰，这些配饰起源的动因都是有一定道理的。但从配饰所展现的形态和装饰形式上看，配饰的起源是出于实用，是实际生活需求促使配饰的产生。将天然植物的枝条捆绑在头发上固定头发，使人们可以更好地运动和劳作；将兽皮或草绳编成环状的饰件缠绕在手臂上，可以使裸露在外的肌肤不受到伤害；将石头穿洞后穿在一起做成手饰或颈饰，可以用来计数或记事等，这些无意识的创造都体现着饰品的实用性，但人们在生活需求得到满足的同时，对审美需要以及精神充实的追求也愈演愈烈。为了满足这些需求，人类制作出各种精美的饰件来装扮自己。另外关于配饰的起源还有精神说、崇拜说，巫术说、图腾说等，人们佩戴这些饰品，或为驱祟辟邪，或为炫示威猛，或为取悦异性，或为托佑神灵，也都是为了满足精神上的需求，求得精神上的充实。

无论配饰是以护体御寒等实用性为基础，还是以装饰美化、精神需求为出发点，又或是被赋予原始宗教文化色彩以及权力地位、图腾形象、部落标志的象征性，不可否定的是在不同时期、不同地区、不同民族、不同文化背景下的服饰配件，都具有其独特的文化性、时代性、地域性，并在发展演变过程中逐渐形成了各自鲜明的时代艺术风格和地域特色。如旧石器时期的小型石块、兽骨、兽牙，新石器时期的玉饰，魏晋时期的金属饰品，唐宋时期的金丝编焊而成的动植物装饰品，明清时期的玉

1　张卓：《人物》，北京：人民出版社，2014，第 72 页。

雕饰品、珠宝饰品以及苗族的银饰，独龙族的绑腿，蒙古族的弓箭、短刀、皮手套；东北的貂皮帽，杭州的油脂伞以及陕北老农的白头巾等，都诠释着其独特背景下的个性魅力。配饰材料也丰富多彩、新奇各异，有骨头贝壳、植物纤维、金属、玉器、陶瓷、玻璃、竹木、皮毛、合成树脂等。这些凝聚着人类智慧和时代审美倾向的饰品，可以称得上是当之无愧的艺术品。

二、吉祥寓意下的传统配饰

中国文化在思想观念上强调人与自然的和谐统一，即“天人合一”的哲学思想。从孔子的“仁者爱人”重视人的思想，到老子庄子的“道法自然”主张人们在自然、恬淡、无为之中回归自然的思想以及汉代儒家思想中的“和”“适”“中庸之道”都对后世人们在服饰、建筑、配饰、器具等各方面的设计产生了深远的影响。本体的情感与外在的自然事物现象互相渗透、融合是配饰艺术的最高境界。形的外在形象与内涵的完美结合在深厚、独特的中国文化背景的吉祥寓意设计中表现得尤为突出。我们的先人就创造了许多向往追求美好生活、寓意吉祥的配饰。女子通过佩戴各种各样蕴含不同寓意的饰件，表达出自己对以后生活所寄予的美好愿望。这些配饰的造型与纹样多是从人们的生活出发，从人们心中已形成的意念出发而设计。人们或是取纹样的形来表其意[1]，例如繁茂的枝叶草木组合表示生命的延续、子孙的繁衍长盛不衰；牡丹花形丰满、色彩娇艳，被诗人称为“国色天香”“花中之王”“花中富贵”，故象征富贵；桃子、菊花、灵芝等象征长命百岁；并蒂莲花、鸳鸯象征忠贞不渝的爱情；圆形相交成铜钱形的连钱纹象征日进斗金，财源广进。或是取其色来表其意，例如白色代表纯洁高尚，金色表示财运亨通，黑色寓意辟邪消灾，粉色象征恋爱顺利，红色祈愿无病息灾，绿色代表金榜题名，黄色希望缔结良缘，蓝色代表事业有成，紫色寓意美丽健康。或是取其谐音来表意，例如石榴多籽，其“籽”与“子”同音，因此石榴纹样多用来象征多子多孙；蝙蝠的“蝠”与“福”同音，因此蝙蝠的纹饰被赋予了祈求多福的含义；石榴与蝙蝠的组合则寓意着多子多福，新婚妇人常插雕刻着石榴蝙蝠纹饰的饰品来求子求福。除此之外，还有云纹意味着吉祥如意，女性佩戴刻有云纹的饰品祈求来日万事如意；牡丹与瓶子的组合则寓意富贵平安；蝉与草木的组合表示一鸣惊人；梅花与喜鹊的组合表示喜上眉梢等。这些纹样通常不会以单一的形式在饰件上出现，而是以与另外一种或几种纹样相结合的形式出现。这种带有对未来生活美好愿望的纹饰组合在中国古代传统配饰设计中有很多，饰品中纹样所具备的象征意义是约定俗成的、被广大群众所认可和接受的（图 7-26，腰钩）。所以，在现代的配饰设计中，富含吉祥寓意的饰品也深受人们喜爱。

图 7-26 腰钩

三、少数民族的配饰艺术

我国少数民族的配饰形式极为丰富，用各种色布、扎染布料、蜡染布料、刺绣布料、织锦、呢子

1 黄能馥，陈娟娟:《中国服饰史》，上海：上海人民出版社，2004，第 49 页。

料做成头饰、肩饰、手饰、腰饰、腿饰等，并由银饰、亮珠、彩色丝绒、绒球、穗子、鲜花等附属品构成配饰的基本图案（图 7-27，藏族的头饰；胸饰图 7-28，藏族耳环）。在少数民族服饰配件中，鞋袜和绑腿也是其一大特色，由于少数民族大多生活在深山密林中，为避山岩、荆棘、蛇虫之害，常在小腿部缠裹绑腿。不管是简朴的绑腿，还是奢华的银饰、实用与美观兼备的腰饰，还是富有吉祥寓意的银泡挎包，这些少数民族的配饰可谓是从头到脚都透出该民族的文化内涵和搭配艺术。

图 7-27 藏族头饰胸饰

图 7-28 藏族耳环

少数民族的配饰是独具特色的，许多图腾崇拜也被利用到配饰中。白族崇尚蝴蝶，女性系的围腰后面垂有绣得很精细的飘带，相传这就是仿照蝴蝶尾翼所做的，它代表了蝴蝶守护着儿女的意思，给人们带来了吉祥和平安。为了纪念雄鸡的恩德，彝族的祖先就仿照它的鸡冠做成了鸡冠帽，戴在了女子的头上。纳西族妇女身上披的七星羊皮背心，形如青蛙屁股，相传是由于祖先曾经以青蛙为食，挽救了生命，人们从此崇拜青蛙，于是做成这种背饰天天背在身上，让它变成了永久的记忆。这些生动形象的象征意义为这些少数民族服装增添了几分趣味性。

在现代服装设计中，配饰由于其在服装中所占比例小，可搭配性强，因而往往被原汁原味地应用于服装的搭配之中，使现代设计更添古朴另类之美。中国少数民族的饰品，如苗族的银饰和绣花荷包、藏族的绿松石等常被应用，精致的服装搭配粗犷古朴的佩饰，这些具有想象力的组合，形成强烈的视觉对比和丰富的视觉效果，使其服装更具特色。

第三节 传统色彩的沿用

一、中国历代传统色彩的发展过程

在漫长的封建社会制度的影响下，中国历代服饰色彩不仅具有实用及审美功能，而且成为一种区分贵贱、等级的标志，不同朝代的中国服饰色彩也都有着各自强烈的时代性。夏朝崇尚黑色；商朝崇尚白色；周朝崇尚赤色，且因礼制产生而形成了比较完备的冠服制度，统治者祭天服色用青，祭祖服色用玄，祭桑服色用黄绿；秦朝盛行黑色；汉代曲裾深衣，制服崇尚红色，百姓则以本色麻布衣为主；魏晋南北朝时期对服色的使用上以紫、黄、朱、玄为主；唐朝国泰民安、社会稳定，寓意富贵吉祥的颜色则运用最多，朱、绛成为高官显贵的服色，同时也是妇女的裙色；到了元代，妇女不分贵贱，都穿着黑、紫、绀色；到了明代，民间男女服装禁止使用红、黄等色；而清代妇女服色多为天青色，裙子大都选用大红、湖色等色彩；到了民国时期，服装色彩的选用不再受到官方的限制和约束，所使用的颜色种类繁多，但整体以蓝绿色系的服饰为主；随着封建制度的瓦解，在中国流行了两千多年的建构在传统五色学说体系基础上的政治化、礼化的色彩制度和色彩观念已呈瓦解之势。封建王朝被推翻后，朱、黄之类显贵的服色已经为大众所使用。历经数十年后，在改革开放的大潮下，人们的现代意识越来越强，从此，色彩不再是环绕帝王的光环了，也不再是由政权操纵的专制制度。人们用实用的眼光、高尚的审美意识来审视服装的色彩。色彩成为现代社会生活必不可少的重要元素。

二、传统服饰色彩的传承与改变

所谓中国传统色彩是指在中国历史积淀中逐步形成的体现中国人气质、性格、审美情趣的，具有典型特征和象征意义的色彩，从广义上讲还包括所形成的特有的色彩组合方式和色彩意境。它一部分是在凝练了各时期中国历史文化的典型物器中表现出来的，如“青铜绿”“汉漆色”“唐三彩”“青花蓝”“景泰蓝”等；另一部分是在中国整个历史色彩文化中抽取共性而得到的，如“中国红”“帝王黄”“丹青色”等；还有一部分是反映各历史时期、地域风俗的典型色彩，如先秦时期古朴的玄纁褐色、宋代雅致的青绿色调、唐代富丽的明艳色彩、清代鲜艳且装饰性极强的补子色以及杨柳青年画的色彩、江南水乡的色彩，还有代表性的少数民族的色系等。这些美丽的色彩运用于现代服饰设计当中，都起到了传情达意的效果。

（一）青花蓝

“青花蓝”从原始祖先对它的敬重、畏惧与崇拜，再到在中国五行五色中地位不可超越的“青”，再到封建宫廷中象征神圣权力的蓝，再到象征民间美好吉祥质朴的蓝，它在中国历代发展中扮演着不同的角色，蕴含着不同的文化意蕴。“青花蓝”不仅指蓝白相间的色彩，还包括夏代的织物靛蓝，商周的青铜蓝，战国的玻璃饰品蓝，魏晋至唐的敦煌壁画青，宋册页书籍中的碧纸蓝、丝绸蓝，唐代的青花装饰蓝，宋代的靛蓝印花布蓝，元代珐琅器的宝蓝、天蓝，明清建筑装饰的群青以及民国年间的蓝袍、蓝衫，至今它们都色蕴犹存。其独特的审美意蕴与鲜明的视觉符号已成为当代设计的发光点，其色彩已经被延续性地应用于各式服饰设计上。如图 7-29 所示，设计师对“青花蓝”进行了全新的诠释，在款式造型、结构分割、用色比例和细节表现上采取了“惜墨如金”的手法，应用青花色系，配以刺绣的传统手工艺，完美地体现了中国传统青花瓷的洗练精巧、高洁清雅的韵味，给人耳目一新的视觉感受。图 7-30 中的服饰对中国传统青花蓝的应用有独到之处，同样也采取了白多蓝少的方式，将“青花蓝”点缀在整件裙身，水墨印染的工艺创造出深浅不一的“青花蓝”，既营造出透明、润泽、深远的意境，又不失高贵典雅的艺术风格。两幅图同样是对中国传统“青花蓝”的应用，却产生出风格迥异的视觉效果。

（二）中国红

世界是由色彩组成的，原本色彩仅仅只是一种自然现象、一种客观存在，但不同的国家和民族由于不同的历史和文化背景，从而给各种色彩赋予了浓浓的人文表达，使各种颜色饱含着丰厚的文化底蕴，体现着斑斓的民族风情。每个国家都有自己钟爱的色彩，泰国人喜爱紫色，日本人崇尚白色，而中国人偏爱红色。红色在中国受推崇的历史悠久，从考古发现来看，距今一万八千年前，山顶洞人就

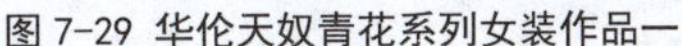

图 7-29 华伦天奴青花系列女装作品一

图 7-30 华伦天奴青花系列女装作品二

对红色情有独钟，我们的远祖在祭祈过程中对生命、火、阳光的一种本能的依恋和崇拜，在经历了几千年的世代承启、沉淀、深化和扬弃后，被万世子孙赋予了特殊的意义。红色在中国的传统色彩中也被赋予无限的遐想：妃红、酒红、桃红、梅红、海棠红、石榴红、樱桃红、胭脂红、朱红、西洋红、火红、枣红……凡是与美好事物相关的几乎都可以与红色联系起来。如果在色彩的世界里选择一种颜色来代表中国，那一定是“红色”。在中国，红色具有超越其他色彩更多的文化内涵，“中国红”已经成为一种符号，无数次代表中国在世人面前展现东方神韵，如红色的国旗、红色的中式婚礼服、红色的鞭炮、红色的春联、红色的灯笼、红色的辣椒等。“红”，对我们来说，是七彩之首，是美丽、欢乐、喜庆、平安、吉祥、福禄、康寿、尊贵、和谐、团圆、成功的境界气氛的代表色。

图 7-31 中的服饰选用了热情奔放的红色作为主题色，镂空的纹样与叠花相得益彰，十足的红色与轻薄的衣料完美搭配，在看似毫不招摇的颜色中透出“低调的华丽”。图 7-32 中的服饰把中国红用得更加收放自如，颇具中国韵味，传统的盘扣配以传统的形制，蕴含着不容轻视的尊贵。图 7-33 和图 7-34 中的服饰看似中规中矩的色彩配上现代设计手法，创造出了独特时代感。

（三）水墨黑

“吾国古代绘画，多五彩兼施；然以丹青为主色”，故称“丹青”，由于唐代以前绘画主要以色彩为主，故称中国绘画为丹青，然而唐宋以后，我国绘画偏向于水墨的发展，故又将中国绘画称作水墨画。水墨画，顾名思义，它不需要任何色彩，只需凭借墨的浓淡来表现千变万化的事物。水墨作为中国画的代名词，有着其浓重的历史韵味。中国画受道家思想的影响是非常巨大的，以墨代五色也正是这种道家思想影响的结果之一。摒去五色，代之以墨，正和道家的美学观相通，道家崇尚黑色，认为墨色就是天色，是颜色中的王色、自然色、母色，并认为一切颜色从玄黑中生长出来并以玄黑为显现条件。所以，道家仅仅把黑色作为崇尚的神秘色彩，以“无中生有”的道家思想观看，水墨黑在最简单的色彩形式中象征着最原始的色彩本质和精神现象。运用中国画的美，在宣纸与布料之间寻找契合点，

图 7-31 祖海·慕拉 2011 秋冬女装作品

图 7-32 路易·威登 2011 春夏女装作品

图 7-33 香奈儿“巴黎—上海”高级手工坊系列一

图 7-34 香奈儿“巴黎—上海”高级手工坊系列二

把那些宣纸与墨色渗透中传达出来的写意色彩转移到现代纺织面料上，浸润、虚实交融的变幻色彩使服饰图案打散重构，带有浓厚的中国风格。中国画独特的水墨和色彩晕染结合的方式，使中国画的笔墨、色彩、意境完美融合于服装的结构、色彩和图案之中（图 7-35，天意梁子女装作品）。

（四）军旅绿

在“全民皆兵”的政治形式下，解放军的绿色军服潮流掀起了一个时代的时尚。绿军装、绿军裤、绿军大衣都成为时尚的代名词，所以在那个时代人们从头到脚的绿色遍布了当时的大街小道。军旅绿一时间成为那一时期最时髦的色彩。无论男女老少，无论职业区分，人们几乎都选择了单一的服装样式和单一的绿色，开创了没有色彩、没有美感、没有性别差异、简朴至极的服饰军旅绿流行风尚。设计师卡尔·拉格菲尔德在香奈儿“巴黎·上海”高级手工系列中（图 7-36 至图 7-38）就抓住了“军旅”这个主题，将 20 世纪 30 年代的上海风情及红军的形象搬到舞台上。设计师将绿色的时髦气息与奢华的皇朝宫廷气度相融合，再配上高领上衣、刺绣外套、凸纹针织衫以及传统的中式旗袍、束腰设计，彰显出无穷的中国韵味。而配饰方面，长耳环、军装造型和斗笠造型的帽子、缀满纽扣的项链、精美的雕刻过的过膝长靴、绣满亮片的手袋都充分地诠释了现代设计下的传统风韵。

图 7-35 天意梁子女装作品

（五）民族彩

拥有五十六个民族的中国，其服饰色彩也随着民族地域、文化、民俗等的不同而缤纷多彩，彼此

图 7-36 香奈儿“巴黎—上海”高级手工坊系列一

图 7-37 香奈儿“巴黎—上海”高级手工坊系列二

影响和传播，从配色到图案都有着鲜明的个性和特色。在丰富的少数民族服饰的色彩搭配中，颜色多以蓝、黑、白等纯色为基底色，再配以原色、纯色、对比色、互补色，如红、紫、橙、黄、绿、蓝等丰富的色彩，来增强服饰色彩的对比度，形成鲜艳、明丽、装饰性极强的艺术效果。为了丰富其服饰，人们搭配各种民间手工艺或银饰，形成了绚丽多彩的少数民族服饰文化。这种色彩搭配在当代服饰设计中也得到了延用，在淡雅纯朴的素色中会在局部出现不同比例的互补色（图 7-39，胡社光时装设计作品）。那些独一无二大胆的用色如红配绿、紫配黄、橙配蓝、紫配黑，我们通常认为是很俗的色彩搭配，却被广泛地使用，达到了夸张的效果，效果却出奇制胜。许多设计师们也纷纷借鉴运用此种搭配，英国著名设计师侯赛因·卡拉扬（Hussein Chalayan）曾在其发布会上充分展示了这一配色效果，以苗族的服饰为灵感，尝试以黑色为主调，搭配不同比例的对比色、互补色等鲜艳的颜色，从而产生出一系列丰富的视觉效果。这样的色彩搭配在现代品牌“江南布衣”等国内的服饰设计中也得到了沿用，黄色和紫色相间的裙子、红色和绿色的面料相拼接的裤子，都别有一种异域风情，散发着古朴纯洁的气息。

图 7-38 香奈儿“巴黎 - 上海”高级手工坊系列三

图 7-39 胡社光时装设计作品

第八章 他山之石，可以攻玉

所谓“他山之石，可以攻玉”意为借鉴他人的优点来帮助自己改正相应的缺点，而这句话用在设计之中再合适不过。当今中国设计正处于探索与发展阶段，研究与借鉴自身和其他国家的传统设计文化显得尤为重要，设计的真正价值体现在对传统文化内涵的把握和表达上，传统设计文化意在向人们展示潜藏于传统民族文化深层意识中难以用语言表达的心理活动，这种心理活动可能是对上帝的信仰，可能是对金钱的崇拜，也可能是对美好生活的憧憬。

第一节 欧洲传统设计文化的重建

欧洲拥有世界上最前卫的设计风格和西方最古老的设计发展历史，尽管这片土地曾经经历过国家兴亡、民族变迁甚至饱受战争的摧残，但是这些变故都未能中断欧洲文化在两千多年的时间里传承发展。欧洲文化以其独特的魅力和特有的精神面貌存在并影响着世界文化进程的发展，作为现代设计的发源地，每次设计理念的变革都伴随着社会意识形态的变化。正是通过对自身文化的不断探索和理性的反思，才使得今日的西方设计主导着世界设计主要的发展方向。

一、欧洲传统文化对设计的影响

无论是中国还是西方，在谈到传统文化这个话题时，总避免不了涉及哲学。而哲学是文化的根源之一，传统文化虽包括文字、语言、绘画、建筑等方面，但哲学思想作为人类早期所尊崇的极限真理，其影响范围涵盖人类文明的各个时期，可以说传统文化的形成是当时哲学思想的延伸。人们通过劳动创造物质文明和精神文明，而设计作为反映人们时代精神与民族意识的载体，传统文化对设计的影响极其深刻。而中西传统文化的差异直接导致艺术风格的差别，形成了截然不同的艺术体系，它们之间既有区别又有联系。

（一）古希腊、古罗马时期的设计观

欧洲文明源于古埃及，始于古希腊，早期的希腊哲学产生于神话传说当中，这个时期的哲学思想夹杂着神话色彩，同时又与自然科学有着密不可分的关系，因为早期的哲学家大部分也是科学家，体现了哲学的朴素辩证法性质，主要有米利都、泰利斯、阿拉克西曼德等学派，他们大多以“气”“数”“火”等作为世界的本原。虽然这些理论关注现实生活，透露出理性、科学精神，但这些理论始终渗透着神话因素。如当时在哲学思想中流行的“泛灵论”，认为世间万物都是有灵魂的。将希腊哲学统一为一门系统学科的伟大哲学家苏格拉底认为“只有神才是最有智慧的，自己只是受到神的指引”。他的学生柏拉图发表了“两个世界”理论。亚里士多德认为“人是有限的存在，而神是永恒的实体”。这些夹杂着神话色彩的理性、科学的哲学理论直接影响着古希腊时期的设计观。

这些影响主要体现在雕塑、陶器、建筑设计等方面，设计师以人体雕塑来诠释心中神的形象、同时以建筑完美和谐的比例来象征宇宙的神圣秩序。这一时期的雕塑通常以希腊神为主题，艺术家把人体美提升到了神的高度，体现对生活、人生的赞美。此时的建筑风格也强调比例的完美和谐，古希腊的神庙则是这些理念的集中体现者，其中的古希腊柱式更是将这一时期的哲学理念体现得淋漓尽致（图 8-1，柱式、雕像、陶器）。

图 8-1 柱式、雕像、陶器（从左至右）

古罗马时期多方面继承了古希腊时期的文化并进一步发展，在哲学上则对古希腊哲学进行延续，由于在自然科学方面有了较大的成就，而哲学则进展缓慢，导致哲学的追求目标不再是对智慧的探索，转而倾向探索伦理化和追求人的幸福，推崇伦理学和禁欲主义，后发展为神秘主义，主张“人神合一”。此时期在建筑设计上从建设供人们供奉的神殿转向建设实用的公共建筑；将古希腊柱式合二为一，创造“合成式”并同拱券混合使用，使结构与装饰并举。建筑造型简单、体量巨大，厚重的石料带给人们强烈的震撼与神圣之感（图 8-2，万神殿、斗兽场、罗马浴场），在绘画和雕塑上强调公立与写实主义，主要表现在对统治者的歌颂和对享乐型世俗生活的描写上。

（二）欧洲中世纪时期的设计观

从 5 世纪到 15 世纪，中世纪的欧洲哲学主要建立在为基督教服务的基础上，哲学和科学充分融入宗教之中，成为理性解释信仰的工具。从早先的教父哲学到后来兴起的经院哲学，其特点都是以哲

图 8-2 万神殿、斗兽场、罗马浴场（从左至右）

学的观点来阐述宗教教义，论证上帝创造世界，提倡对宗教的狂热信仰，为基督教建立了一个完整的神学体系。这一时期的设计艺术风格受到古希腊罗马时期的艺术风格和宗教哲学的影响，主要表达人们的精神向往，力求建造出超脱世俗的作品，以此成为人类与天堂沟通的工具，表达了当时人们对上帝的崇拜和对天堂的向往。

受到这种思想的影响，早期以宗教建筑设计为主的巴西利卡式建筑出现了，其在风格上受到古罗马建筑风格的影响，多为圆形和多边形，有三面围廊前庭，前庭中央设洗礼池，内部用大理石镶嵌，用金色作为基督背景使建筑内部空间感比较深远，给人一种神圣之感。后来的拜占庭式建筑在沿袭巴西利卡式风格的基础上采用新的集中式形制，使用“穹窿顶”屋顶，突出建筑构图的中心，使用马赛克玻璃或粉画装饰内部，形成变化多端的内部空间（图 8-3，圣保罗大教堂、圣索菲亚大教堂）。早期的绘画和雕塑以《圣经》或《福音书》的内容为主题，风格上模仿古希腊罗马艺术形象进行创作，人物造型上透露着古典的自然与优雅（图 8-4，巴苏斯石棺、胜利女神图像）。此时的服装装饰比古罗马时期变化增多，宫廷服饰追求奢华的装饰，贵族和主教将珠宝和华丽的图案装饰在斗篷、帽饰上。

图 8-3 圣保罗大教堂、圣索菲亚大教堂（从左至右）

图 8-4 巴苏斯石棺、胜利女神图像（从左至右）

而普通阶层则穿着大长衫与连袖外套，将手中的珠宝献给教会，体现了当时教会对于人民思想的控制。

随着经院哲学的广泛传播和封建社会的逐渐繁荣，出现了以全新建筑风貌为主的哥特式艺术风格，这种设计风格涉及雕塑、文字、绘画等方面，反映当时基督教哲学思想的盛行和社会风貌。哥特式艺术的最高成就体现在教堂建筑方面。这些教堂建筑在高度和体量上都创造了新的纪录，建筑外部高耸的塔尖，飞浮壁结构的运用、以尖形拱门代替以前的拱门样式、装饰有彩色玻璃窗都是哥特式风格的显著特征。其总体造型强烈的冲击感把人的目光引上缥缈的天空，使人脱离尘世，向往天堂的无上自由（图 8-5，巴黎圣母院教堂内部）。在文字上出现了哥特式字体，其细长、诡异的字体风格带有神圣色彩，主要用于古籍书写和经文抄录（图 8-6，哥特字体）。在美术方面，由于教堂建筑的风靡，雕塑以教堂装饰为主，运用浮雕和半圆雕等技法来表达人物动态，以此强化建筑内部的空间感（图 8-7）。绘画和工艺美术方面，常把教堂建筑外部装饰作为创作题材，追求错综复杂的形式和绚丽的色彩。这一时期的服饰设计也受到哥特建筑的影响，其设计风格表现为高尖帽、十字架、造型锐利的衣襟等，色彩上参考同时期玻璃彩画风格，追求鲜明色彩。

图 8-5 巴黎圣母院教堂内部

Short Story

Once there was a rich man in Indonesia

RM SOEGIHARTO

He was born on September 28, 1946

He was a very rich man. Yet he wanted more riches, more money.

图 8-6 哥特字体

图 8-7 教堂雕塑

（三）近代欧洲的设计观

随着科学进步、地理方面的重大发现和文艺复兴运动的兴起，基督教已不占主导地位，人们将注意力更多地放在对人类自身的探索和科学真理的追求上，出现了以古希腊哲学和基督教哲学相融合的近代哲学。近代哲学思想对当时的艺术风格影响很大，使艺术家们更注重创作与人们生活需求紧密相关的产品，更真切地表达自己的创作热情，致使宗教工艺美术向宫廷工艺美术转变。

在建筑方面，建筑师充分秉承当时的哲学思想，摒弃了曾经辉煌的哥特式建筑风格，重新审视古希腊古罗马时期的柱式构图，大胆创新，运用数学、力学、透视规律等新兴学科和建造技术。人们在雕塑上追求贴近人的真实生活，对人体的赞美似乎是对古希腊艺术的肯定，而艺术家对于艺术的热情使这一时期的作品充满强烈的感染力，生动的表情与姿态暗示人们的思想得到解放（图 8-8，大卫雕塑）。在绘画上则表现为立体主义和写实主义，从整体构图到对自然的写实，线条的柔和过度都展现出人们对于思想自由的向往（图 8-9，蒙娜丽莎）。在服饰方面，为了充分反映人体的自然美，将衣服分成若干独立部分，最后组合形成鲜明的外形。这种思潮到了文艺复兴后期，逐渐演变成巴洛克风格，建筑上强调自由的建筑风格和华丽的内部装饰，立面多采用曲面（图 8-10，圣地亚哥教堂）。服饰的制作采用昂贵的材料并配以奢华的装饰。家具上运用大面积雕刻或金箔贴面装饰，极具奢华之感。这一时期的欧洲传统文化受到中国传统文化的影响，在充分汲取中国传统文化的营养的基础上，将中国文化与自身文化相融合。设计中对中国元素的运用和哲学思想中对中国儒家思想的借鉴，都说明了中国传统文化的强大兼容性和西方文化对其他文化的吸纳性。这段时期也成为欧洲对旧时代的批判和文明崛起的标志。

图 8-8 大卫雕塑

图 8-9 蒙娜丽莎

二、中西传统文化思想的交流

作为世界上拥有最古老文明的东方古国——中国，其五千多年所积淀的文化底蕴深深地影响着世界文化发展的进程。中国传统文化对欧洲的影响主要始于 16 世纪东方航线的开辟，瓷器、丝绸、家

图 8-10 圣地亚哥教堂

具等艺术品大量输往欧洲，于 17—18 世纪达到鼎盛时期，巴洛克、洛可可艺术均受中国文化的影响，兴起了一股以中国文化特点为设计元素的“中国风”设计。人们热衷于购买中国的工艺品并学习有关中国的知识。这一时期的西方沉浸在对自然的憧憬和浪漫的追求之中，在当时的人们看来，中国是浪漫与享乐的代表，是政治开明、文明高度发达的理想国家。这一思想充分体现在设计上，如以中国风俗、风景、人物、动植物等作为装饰图样的主题，当时流行的洛可可艺术风格的建筑外部与室内装饰就受到中国艺术风格的影响，以曲线和自然形式为装饰特点。中国园林与反对对自然过分修饰的英式建筑融合而成的“中英式园林”在欧洲产生了很大影响。欧洲人在绘画的色彩和构图上也借鉴东方山水画的艺术特点，同时许多中国文化的经典典籍被转译成拉丁文或法文广泛传播。

这段时期中西文化的交流实质是中西文化中哲学思想的碰撞与交融。中国传统文化是一种含蓄、内敛的文化，体现为以儒家为代表的对自然崇拜的“天人合一”“韵外之致”的精神追求。而西方则是以个体的文化为出发点，主张“天人各一”的主观与客观对立的观点。作为两个截然不同的哲学体系，中西文化之所以能够在这段时期的交流达到前所未有的高潮，究其根源是当时中国思想中的重理性，即讲究仁爱、孝道的思想与当时欧洲思想家倡导的平等、自由、理性思想相吻合。同时因中国几千年所积淀下来的物质文明也深深地吸引了当时的欧洲，中国不仅为欧洲带来了物质文明，更多的是精神文明上的交流。虽然中西方文化差异巨大，但这并不说明两者是对立的，正是因为不同的民族所形成了不同的文化和精神成果，才能在碰撞中弥补自身文化的不足，使文化发展壮大。

三、欧洲传统设计文化的重建

讨论传统设计文化的重建实质上就是讨论传统文化在现代艺术当中的重建。传统文化并不是静止不变的，而是受到不同时代的经济、政治、道德伦理等多方面的影响，是不同时代的人和社会的需要不断对其加以构建而形成的。哲学思想是传统文化的核心组成部分，传统文化的演变就是哲学思想的演变，某个时期的传统设计文化正是特定时期哲学思想的缩影，传统设计文化的重建并不是照搬传统文化中的历史、知识价值，也不是不加思索地全盘否定，而是基于当代发展的角度对传统文化的价值观、历史观进行重新总结和梳理，克服传统文化对现代化的阻力因子，并对其做出科学合理的选择。欧洲的传统文化与现代文化发生碰撞从 18 世纪的工业革命开始，现代主义艺术运动引发了人们对于传统文化的反思，同时也为传统文化在现代艺术中的重建带来历史契机。

18 世纪是让人既兴奋又不安的年代，伴随着工业革命在欧洲的兴起，工业生产的机械化给人们带来了飞机、汽车、轮船等新的工业产品，同时也促进了现代艺术风格和设计的诞生。新材料、新工艺的运用冲击着欧洲绵延数千年的传统砖石建筑。虽然大量的设计师投身到这场运动当中，但我们不难发现无论现代艺术怎样发展，都无法摆脱传统文化的影响。现代设计强调设计以人为目的而不是以产品为目的，正是对古希腊古罗马的“人本主义”哲学思想的延续。

1851 年伦敦水晶宫在建设过程中运用了钢结构和玻璃幕墙等新材料和工艺，其代表了当时工业革命初期的功能主义建筑，从建筑上我们看不到砖石与华丽的建筑装饰，但从圆拱式结构中我们看到了古罗马时期的拱券结构，彩色玻璃幕墙激发了人们对于中世纪教堂的遐想，透明屋顶仿佛拉近了人与上帝的距离。同时期的埃菲尔铁塔运用了当时一切的工业成果，采用了系统化的生产方式。从这座充满现代艺术风格的建筑上我们可以找到哥特式建筑的影子，塔基的曲线和高耸入云的塔尖让人不禁联想到哥特式建筑的尖形拱门和那种伸展至天际的建筑形式所带来的震撼。不同的是埃菲尔铁塔只是采用了新的材料、技术。虽然失去了古典建筑的风采，但我们能够更多地感受到的是一种在现代艺术中得到传承的文化精神。这种从传统文化找寻艺术灵感，不抛弃传统艺术思想的设计理念深深地影响了现代设计的发展。当今超高层钢筋混凝土建筑流行，使建筑创造者们实现了一个又一个的奇迹。于 2010 年竣工的高达 828 米的迪拜塔成为世界第一高楼，作为一个典型的现代艺术风格的产物，我们也能从室内对于拱门的运用、细长的条窗和那冲向云端的塔尖看到哥特式风格的影子。

从古至今都可以看到传统文化对设计观的影响，人们无论以任何的形式和观念进行艺术创作和设计都无法摆脱传统文化的影子。就像玛雅文化一样，虽然其民族已经消亡，但是它的文化精神却被保留下来成为现代人们研究的对象。对于设计中的传统文化，虽然时代发展速度越来越快，传统艺术形式发生了巨大的改变，但不变的是其中所蕴含的文化精神，是文化发展中对传统文化的取舍，是让人难以割舍的情结。

第二节 日本传统设计文化的振兴

18 世纪后期维新运动兴起后日本才开始自己的现代化道路，19 世纪末日本将国家的经济重心全部用于军事建设和海外扩张上，直到二战结束后联合国限制日本军事力量的发展才致使日本把人力和财力放到民用产品的生产上，开始发展自己的现代设计。日本现代设计的发展比欧洲的工业革命晚了将近两个世纪，尽管起步较晚，但其惊人的发展速度使其成为当今世界设计强国，日本在现代设计方面的成就也成为设计理论界研究的话题。抛开历史恩怨问题，单从设计方面讨论，日本在现代设计方面发展的速度和成果是极为惊人的，这与日本所坚持的文化精神是分不开的。正是坚持这种精神使得日本在短短的几十年中取得经济腾飞，一跃成为世界强国。

一、中国传统文化与日本文化的交流

之所以先谈中国传统文化对日本文化的影响，是因为中国传统文化的传播对日本文化的起源与

发展有着举足轻重的意义，可以说中国传统文化的传播大大促进了日本文明发展的进程，日本因其特殊的地理地貌和资源匮乏等因素在古代社会时期就大量地模仿了中国的文字、制度、服饰、瓷器、建筑风格等，并形成自己独特的文化。

中国对日本文化的影响始终贯穿着日本历史的发展进程，从绳纹时代到明治维新，从日本文字到日本人穿着的服饰都能发现中国传统文化的烙印。古代时期的日本因文化匮乏便大量吸收中国的先进文化来丰富自己。如绳纹时期，中国的农耕生产等技术传入日本，使日本摆脱了原始的生产方式，揭开了农耕文明的序幕。奈良时期，日本对隋唐的文化制度进行了大规模的借鉴和吸收，模仿唐朝的均田制和租庸制，实行中央集权制并采用户籍制度，甚至模仿长安城的布局建设藤京城。同时中国先进的制瓷技术、纺织技术、金属制作等工艺也在日本广泛传播，日本传统服饰——和服也是借鉴唐朝服饰并结合南北朝时期传入的缝织工艺改造形成的。日本的茶道也是引入宋朝时期的种茶、制茶技术后逐渐形成的，日本传统的书道艺术更是起源于用汉字抄送佛经并在中国书法的基础上提炼发展而成的。

中国的佛教和儒学对日本文化的影响极为重要。圣德天子摄政时期，他引进中国先进文化，将儒学作为治国的主导思想，根据儒家思想“仁、义、礼、智、信”制定阶名和宪法，同时鼓励百姓学习。随后日本迎来了以佛教为中心文化的“大化改革”，日本从中不断汲取养分，佛家儒学成为构成日本文化最基本的部分。但日本并不是完全采纳中国的哲学思想，而是有选择地借鉴。中国儒学将“仁”作为核心思想，而日本儒学则将“忠”放在首要位置，将“重义轻利”转变成“义利一体化”，这就导致中日儒学思想上的巨大差别，直接影响到国家的发展。在这种思想下日本很容易就能接受外来文化，这也是日本能在短时间内快速发展的原因之一。在佛教方面，日本一直秉持佛教国家化思想，后来佛教演变成各宗兼修的状态，具有鲜明的实用主义，不管是佛教中的各宗各派，只要符合现实需要就加以利用，这种不断融合的过程就产生了新的教派和理论，形成本土化的新佛教。至今，有将近七成日本人信仰佛教，可见佛教对日本文化的影响之深。

两千多年来，中国传统文化深深地影响着日本文化。与此同时，近代的中国文化也受到日本文化的影响。明治维新以后，日本成为首个走上资本主义道路的亚洲国家，成为当时东西方文化的交融地。同时，日本也成为我国思想家们非常重视的学习、交流之国。从早期的改良主义代表梁启超、康有为，再到民主革命领导者孙中山，我们所敬仰的现代文学大师鲁迅、郭沫若及伟大的无产阶级革命家周恩来等，都有在日本学习或活动的经历。可见当时日本成为我们眼中学习先进文化和科技的重要国家，日本文化也对我国的近代文化发展产生了重要影响。

二、日本的传统文化与设计观

日本的现代化发展应以明治维新为分界点，从日本大量借鉴唐朝文化到明治维新时期受到西方资本主义文明的强烈冲击而展开了全面学习西方文明和现代化的改革运动，可以看出日本的文化底蕴并不厚重。这与日本的“凡能为我所用者均可取而用之”的思想是分不开的，导致其能够大量借鉴并吸收东西方文化后形成具有自身民族特性的文化，造就了日本在当今格局下成为既崇尚西方资本主义文明而同时散发出独特民族气息的亚洲发达国家。

日本传统文化中的特性与其特殊的地理条件和哲学思想是分不开的，而中国的佛教与儒学对日本文化的影响尤为巨大，对自然的崇拜和对“禅宗”之境的向往成为日本传统文化当中的灵魂，其对中国文化的借鉴展现了日本文化的多元化面貌，这种文化使得日本设计艺术散发出枯淡、简朴之美。

（一）“天合”之美

日本“天人合一”的思想最早得益于中国儒家思想的传入，后与神道教融合发展成为带有日本民族特色的哲学思想。得天独厚的地理条件和自然气候使得日本人民对大自然有着特殊的情感，他们渴望亲近自然、感悟自然。这就形成了日本设计简洁、朴素的内敛特质，以表达对自然的尊重，体现在设计之中就是对石、麻、纸、木材等自然材料的运用和对自然纹理的保留，这些温和的材质更容易拉近人与自然之间的距离，让人感受自然，体现了日本设计单纯、朴素的风格。

日本的文化可以称为木文化。明治维新之前的日本将木材作为主要的建筑材料，他们认为自然是最具美感的，并崇尚对天然材料纹理的保留，并将这种不加过多修饰的做法充分运用到建筑、室内和日常产品当中。他们运用当地盛产的桧柏和杉作建筑和住宅构架的主要材料，为了保持材料的本色只对木材做简单的防腐处理，不做任何油饰。室内陈设简单朴素，门窗、家具线条简洁，没有过多装饰，多采用竹、纸、木等天然材料制作，表现出一种实用、一尘不染的安静感。这种精神不仅体现在材料运用上，还体现在建筑布局上。他们不希望通过建筑来夸耀自己的力量，而是尽量让建筑融入自然，这表现在他们对佛教建筑布局的改变上。7 世纪佛教传入日本，但随后日本人建造的法隆寺布局就没有采取中国寺庙完全对称的布局，而是采取一边为塔、一边为庙的不对称的布局，避免给人以刻意安排之感。

日本对于自然的崇拜还体现在常以自然风景作为工艺美术描写对象，而对于人工雕琢之美，他们并不认为是价值的体现。就拿插花艺术举例，欧美对于插花的理解是用于室内装饰与美化，日本是将自然中的花“搬”到家中的壁龛中，在他们看来这更能让生活置于自然之中。他们在陶器的制作上也多采用素烧、熏烧来保持泥土的本色，有时就连泥坯中的杂物也保留下来，天真而又潇洒。其在绘画、雕刻中常以“花”作为刻画、表现的对象，象征大自然的生机；将“雪”作为歌舞、戏剧的背景，象征生命的顽强；对“月”崇拜，认为其是真理的化身。如今，这种思想已经走入人们的生活之中，日本传统文化总离不开“道”字，最能代表文化精髓的当属日本三道，即“花道”“书道”和“茶道”，这里的“道”不是指儒学之道，而是自己生活中的“道”，是自然的法则与造化的结果。

（二）“禅宗”之境

日本禅宗起源于汉传佛教宗派之一，其于镰仓时代传入日本。由于与日本特有的本土文化“神道教”相融合，禅宗走出寺院庙宇渗透到社会生活的方方面面，在此过程中设计艺术与禅宗思想充分交融并成为设计思想所追求的最高境界。在设计中对禅宗思想的表达已经成为设计师传承日本传统文化的最佳手段，他们以一种传统的禅宗思想和独特东方式的抽象来表现作品，这种思维方式使得日本的设计作品具有超越视觉符号的感染力，使禅宗精神由表及里地深入人的心灵。

日本设计艺术深受“禅宗”思想的影响，讲究意识升华，追求形式突破，通过对禅宗思想中“残缺简素”之美、“淡雅宁静”之韵、“心悟自然”之境的诠释，展现出“禅宗”美学在设计艺术中所散发的独特魅力。“残缺简素”之美认为形式随意或有瑕疵的状态更能激发人无限的想象空间和可能性，这种思想充分体现在陶艺作品上，其粗犷的质地和残缺、非对称的造型，自然而富有张力。这种设计打破了传统的审美观念，散发出“无盛则衰”“有生有灭”的禅宗之韵，让人从中体会到一种悠然自得的枯淡之美。“淡雅宁静”之韵体现在建筑朴实无华的外观上，延伸至自然之中的建筑能让人感受四季景观给人的生活带来的变化，简洁实用的室内空间与朴素的装饰让人在喧哗的尘世中感到一丝恬静。闲寂的室内空间没有繁华的装饰，甚至没有任何摆设，有时桌上只摆一只花瓶，墙上只挂一副绘画，让人感受到淡淡的“禅意”。这种不追求形式、注重精神内涵的设计理念使人获得内心的平静，抒发设计者对于人生的思考与感悟。“心悟自然”之境体现在日本最具特色的园林——枯山水庭院中，庭院中并没有真的山和水，而是以石代山，以砂代水，在白砂表面点缀大小不一的石头和圆形或长形的波纹，设计师用极端抽象的表现手法象征大自然的生命之美。砂石仿佛就是海洋、瀑布、礁石，这种充满灵性的自然材质所营造的安静空间让人联想、使人顿悟，这种“精神”空间充分展现出“禅宗”美学的独特意境。

三、日本传统设计文化的振兴

日本之所以能在二战结束后的短短几十年内发展成为世界设计强国，这与日本所秉持的“凡能为我所用者均可取而用之”的思想是分不开的。双轨体制的设计发展战略是日本能在战火后经济迅速发展的原因，即在国内市场实行继承与发扬民族传统文化风格的设计，在国际市场以更易于人们接受的精简设计为主，这种设计上的双轨并举制度很好地平衡了传统文化与现代设计的矛盾，使两者得以共存、发展。

在设计艺术中对传统文化的保留方面，日本可谓下足了功夫。虽然在全球化背景下现代科技冲击着传统文化，但你会发现传统文化已经渗透到人们生活的方方面面，其中最重要的就是对传统节祭的保留、传统文化产业的扶持和遗迹的保护。在对传统工艺扶持上，政府每年花费大量资金奖励人们学习传统手工艺，制定专门的法律来保护民俗文化的传承与发展。在国家建设方面，秉承文化古迹最重要的原则，文化古迹必须进行保护，如在建设中发现有文化古迹，何时商讨好保护对策何时开工，日本京都的“麦当劳”就是对古城遗迹保护的一个很好的例子。日本人对传统节日尤为重视，每逢节祭活动时人们都必须穿着传统服饰，就连鞋子也不能穿现代的，每个街区都有自己的标志和服装，节祭成为全民所参与的活动，全家人一起制作彩灯、彩绘、节日食品等，使得传统文化能够代代相传下去。节祭的传承与发扬融合了民俗表演、民族服饰、宗教祭祀等传统活动，对传统工艺的传承和发展起到了重要的推动作用。

在现代设计发展方面，日本制造已经成为精致、实用的代名词，如电子、汽车制造等高技术产品畅销世界。看似现代科技与传统文化是相驳斥的，但在他们的产品中我们也能看到传统文化的影子。如日本产品以人性化、外观简洁雅致著称，这些都是受到传统工艺精益求精的精神和禅宗思想的影响。这些思想也体现在其他现代设计中，日本的包装设计强调整体结构简洁和功能合理性，善于简化传统元素并大量运用天然材质或手工制作，体现出一种对自然的关怀和崇敬。服装设计之中自由、无结构的设计，给人一种思想上的自由、洒脱之感。建筑设计则通过有形或无形来表达（图 8-11，三宅一生），有形则指通过外观或者材质来处理表达观念，无形是指对建筑空间给人带来特殊的精神意境。这些都表明日本的现代设计受传统文化影响之深，正是通过这种从有形到无形的过程，日本人既吸收西方现代文明而又融入自身传统文化精神的基础上，创造出具有传统韵味的现代产品，使得日本在世界设计中占有一席之地（图 8-12，光之教堂、水之教堂）。

我国有着比日本更为悠久的文化和历史，无比丰富的人文历史和传统工艺是我们发展设计取之不竭的创作源泉。但我们现在还停留在对国外设计的简单模仿和表面性地运用中国传统文化元素的阶段，比起形式更重要的是在设计中挖掘传统文化的精神与内涵。日本政府对传统工艺的保护、传承和文化教育的重视，使设计师对待传统文化更多地从精神、思想上去考虑，运用传统的理念去做现代的设计，这正是我们现在设计中所欠缺、忽略的。日本文化虽受我国影响有许多相似之处，但在处理现代与传统文化关系的问题上，日本给我们提供了非常有意义的参考价值，这些非常值得我们学习、借鉴。

图 8-11 三宅一生

图 8-12 光之教堂水之教堂（从左至右）

第三节 韩国传统设计文化的复兴

中华民族传统文化是一条纽带，紧紧地连接了中国同世界其他国家、民族、地区的文化交流。作为当今世界文化体系的元老之一，中华民族传统文化对世界文化的构成影响深远。中华民族文化以一种兼容并蓄的姿态持久地流传至今，其中产生的更替交叠并没有使它没落沉寂，反而以自强不息的精神文明为指引一直熠熠生辉。

同样对于文化，中华民族不仅独善其身，而且心怀天下，对众多国家或地区的贡献都不可小觑。

如唐代时期的鉴真东渡，帮助日本提升了佛家理论知识、医学、建筑等方面的知识与技能；在历史上备受争议的马可·波罗东方之行，虽然是他来访，但他告诉了全世界，东边有一个极其富有的国家，由此开启了欧洲人民的好奇心，产生了对这个神秘东方国度的热切向往，也为日后的“新航路”带来了重要的影响；通过《马可·波罗游记》中对古老中国的“遍地黄金”的描述，激发了西方人民对“黄金梦”的强烈追求，他们扬帆远航至此，目的是为一探究竟，也因此打开了中华民族的国门，这头亚洲雄狮觉醒了，就此在世界文化文明的舞台上，开启了闪耀的篇章。

在中国周边地域，韩国对于传统文化精神的弘扬也是有目共睹的。追溯到历史上朝鲜半岛的新罗国统治时期，新罗国就同当时中国的唐朝建立了邦交友谊，其特别指派专员来中原大陆学习当时领先的中国传统哲学宗教理论以及先进的生产技术知识，通过不断汲取中国优秀的古文明、古文化知识，新罗国发展壮大而且使整个朝鲜半岛得以统一。因此中国传统文化对韩国产生了久远的影响。特别重视国民素质、国家教育水平的韩国还特别设立了韩国成均馆大学，并用儒家理论为主要教学指导，同样韩国学子们也会以传统的礼仪方式到孔庙祭奠孔老夫子。现在韩国还存有三百多家传统书院。我们不能否认，在韩国的现代化发展程度如此之快速的今天，其并不是以否定与遗弃传统文化来换取国家的高速发展，而是用对传统文化的崇敬姿态来传承和发扬作为基础，激发韩国国民的文化精神底蕴，用强大的民族文化感召力，配合利用现代先进的科学通信技术手段，以广播、媒体、网络等多种方式，培育人民的民族文化自豪感与爱国情怀。这种有机地承继传统文化并把传统文明融合进现代化生活的举措，是作为儒学起源地的中华民族应该反思和学习的。

韩国传统装饰文化是由西伯利亚萨满文化与中华传统文化的碰撞而产生的，经过融合发展出的具有地域特征的装饰艺术（图 8-13，韩国景福宫勤政殿室内）。传统图样多由重复的花纹、轮廓界线勾画，还有一种把物体展平的绘图表达，呈现出自然生动、不拘泥于技术的情趣。高丽时代国人认同“万物有灵论”思想，其代表图纹元素同中国传统元素的东西南北四神（青龙、白虎、朱雀、玄武）相同；新罗时代的装饰元素多以对称布局处理，线条勾画半抽象的龙凤、西伯利亚萨满教传统的树、鹿角形角枝和鸟翼；在百济时代，王冠上的金银花图案是突出装饰；朝鲜王国兴起后开始抑佛重儒，儒家思想渗透到国人生活和思想各方面。这个时期的艺术采用单色，崇尚简洁。韩国传统元素题材有梅、兰、菊、竹“四君子”，象征品格高洁的儒教文化传递；“十长生”象征长寿的十种自然生物，即岩石、山、水、云、松树、灵芝、龟、鹿、鹤和太阳的道教文化传递；韩国传统元素也展现出与萨满教、道教、儒教、佛教相混合的创新图案，如莲花纹、祥云纹、万字纹、石榴纹、花鸟鱼虫纹等，也有线描的口含宝珠的龙。韩国在器物和家具上的传统图案喜欢采用压印工艺，常采用花朵、珠串、云彩、鸟和花结等图案。韩国传统元素传承到现代最常见的图案是菱花纹，典型的菱花板花纹是曲折的斜条格构加菊花合成的纹样，在书面、墙面和衣料上常有这种图案的运用（图 8-14，香港 Kitchen 韩式料理餐厅室内）。韩国传统元素在装饰艺术上也会呈现华丽烦琐的元素，如宫殿、神龛及寺院的木结构上装饰绘画，檐、梁、天花上多用红、蓝、黄、白、黑五种绚丽的色彩装饰（图 8-15，韩国宫廷彩绘），室内摆设也会采用贴金工艺的器物，主导设计思想是中华传统文化中的阴阳调和理论与天地五行学说。在传统民族服装方面，高丽、朝鲜时代的国王和王妃的服饰（图 8-16，韩国传统宫廷服饰）基本上借鉴了中国古代唐朝的服装风格，并受到宋朝、元朝、明朝的影响，特别是在官家服制方面。在文化语言方面，韩国古时说汉语、写汉字。后来，李朝国王世宗大王发明了朝鲜文字，以显示其国家主权和民族统一。如今的韩国大街小巷也可看到汉字匾额，国立“民俗博物馆”的门匾就是用汉字书写的。

图 8-13 韩国景福宫勤政殿室内

图 8-14 香港 Kitchen 韩式料理餐厅室内

图 8-15 韩国宫廷彩绘

图 8-16 韩国传统宫廷服饰

韩国民俗博物馆位于韩国王宫景福宫内，是呈现出韩国历史文化、传统建筑艺术、民族传统生活方式的大型空间。创建于 1972 年的韩国民俗博物馆，在建筑风格上体现了传统文化与当代文明的融合。在博物馆主楼的建筑外观设计上，韩国传统风格的楼宇主体及汉白玉栏杆也是传承自中国传统建筑典型的构件，而楼宇的基座体现了博物馆的现代建筑风格，并采用了现代建筑材料（图 8-17，韩国民俗博物馆建筑外观）。博物馆室内空间设计以宽敞通透、动线流畅的现代设计语言表达（图 8-18，韩国民俗博物馆室内传统建筑模型）。韩国民俗博物馆主楼是一座兼容了古今建筑艺术的精华建筑，是兼顾美观与实用的建筑艺术品。韩国民俗博物馆内部展品丰富，大量雕塑、蜡像、实物、照片及文字等综合地展示了韩国传统文化，通过不同时期的住房、服饰、食品、婚姻、礼仪等民风民俗，呈现出韩国民间的生产、生活状况（图 8-19，韩国民俗博物馆室内传统婚庆场景模型），虽然博物馆传达的是漫长的历史和深奥的传统文化，其借助微缩模型、动画等现代科技手段，使得无论是当地人与否都不难理解韩国传统文化。与此同时民俗博物馆还经常举办传统音乐、传统舞蹈等公演，与历史文物一起帮助人们增加观赏乐趣。民俗博物馆堪称韩国民族文化发展史的浓缩与再现。在这种历史复原中，人们感受到了韩国传统文化深受中华传统文化的影响，中韩两国文化同根同源。

图 8-17 韩国民俗博物馆建筑外观

图 8-18 韩国民俗博物馆室内传统建筑模型

图 8-19 韩国民俗博物馆室内传统建筑模型

第四节 中国台湾现代设计对传统文化的阐扬

由于种种历史政治问题因素的影响，台湾地区和大陆一直有种“剪不断、理还乱”的关系，两者在中华民族传统文化上是一脉相承的。郑成功收复台湾之后，在台湾地区大力推广中原文化，传播儒学、设立孔庙，帮助台湾地区扎实了中华民族传统文化深厚的根基。台湾的教育体系一直非常注重对传统文化的保留与光大，从其对青少年学子们以“国学”的方式进行教化，将孔老夫子的诞辰日作为台湾地区的教师节；以及同闽南地区民风民俗的承接，春节、中秋节及各种时令节气的庆祝方式趋同等方面，都可以得出其母体文化的根基在于中国传统文化。不可否认的是，在传承传统文化的过程中取用它的精髓、去除它的糟粕方面，台湾地区还是可以给我们提供一些有效的借鉴。我们应该以开放的姿态、豁达的胸怀、前瞻的眼光，学习台湾地区对传统文化的保护措施，汲取其对传统元素的运用手法，旨在弘扬中华民族传统文化。

台湾日月潭美景如画，曾作霖把它描述为“山中有水水中山，山自凌空水自闲”。日月潭有碧蓝的湖水，郁郁葱葱的青山绿树倒映其中，是一幅“碧水环青山，明潭托绿珠”的美妙山水画作。春夏秋冬、晨昏晴雨、朝霞暮霭，景色也随之变幻无穷。名景配名楼，在这风光美景之胜地，涵碧楼矗立于日月潭的涵碧半岛上，饱览湖光山色。涵碧楼以“但觉水环山以外，居然山在水之中”呈现出世外桃花源的人间仙境。其以日月潭景色为背景，结合中国式禅风与简约概括的设计语言，成为台湾景观的核心，并用传统文化元素的传承与弘扬，以全新的视角连接着两岸情谊。

“百年涵碧春秋史，而今更上一层楼。”20 世纪初日本人伊藤在涵碧半岛以木材搭建了一座度假别墅，取名涵碧楼；1923 年台中州厅接管涵碧楼后，增建其二层用做官方招待所，后来作为台湾名流行馆，皆为达官显要服务，平民百姓难探堂奥；1949 年蒋介石到日月潭，将涵碧楼作为个人行馆。直到 1998 年，乡林集团董事长赖正镒购买此地块，创建出享誉世界的涵碧楼酒店，但同时他抱着对历史负责的态度，“千人接力，屋瓦相传”竭力保存老建筑，将原本的木建筑结构拆解进行建材编号、照相留存、重新整理、依原样重建，作为涵碧楼纪念馆。历经时代沉淀的涵碧楼风华依旧，铸成历久铭心的经典作品。

台湾涵碧楼酒店出自国际建筑大师 Kerry Hill 之手，他用中国传统元素为设计语言，立意在与周边环境“天人合一”（图 8-20，涵碧楼山水相融）。设计师在东方传统文化的熏染下，以中国水墨画的意境表达，创造出这座“中而新”的建筑。涵碧楼构图以水平和垂直线条的极简风格，水平的湖面、垂直的山峰，通过两者的交叉错落，辉映日月潭山水交融的情趣；涵碧楼遵循日月潭的地形环境，以木材、花岗石、玻璃和钢铁四种建材搭配（图 8-21，涵碧楼室内材料），使灰色与原木色为基调，花草几凳的色彩都与自然相呼应，呈现清幽素雅的极简、禅意韵味，使建筑不因时光流转而显得老旧，却在岁月的递缮中厚积薄发。

涵碧楼观感塑造的重要因素之一是融入灯光设计的奇妙构思（图 8-22，涵碧楼室外景观效果）。用光影、明暗、对比、反差等手法，呈现凝聚视点、突出主题等效果，让人感受光源的绚丽，呈现木纹节理的雕刻层次，以营造出神秘的戏剧效果。

涵碧楼中湖景借位的巧妙构思引人入胜。涵碧楼对“水”的美学质感表达表现在温水泳池与镜面水池的独特设计中（图 8-23，涵碧楼室外水景）。触目所及的涵碧楼内外勾勒出水天一色，呈现的建筑空间、场景、情境的悠然氛围让人身心净化。涵碧楼不仅以自然历史条件与极致的建筑空间闻名，还有知行合一的眼、耳、口、鼻、身体以及心灵等的六感体验之美。涵碧楼的眼睛所见、鼻息所闻、味觉所品、身体所触、耳朵所听、内心所感，无一用心经营，比如把起居室安排在房间风景视角绝佳之处（图 8-24，涵碧楼起居室景观）；建筑空间依时间、场景、八段灯光变化营造出不同的中国传统意境。

图 8-20 涵碧楼山水相融

图 8-21 涵碧楼室内材料

图 8-22 涵碧楼室外景观效果

涵碧楼是一幅中国水墨画的立体表达，建筑环境以横与竖的线形布局，并巧妙地融合了木、石、玻璃与铁的不同材质，搭配自然光与人造光的交融，充满了中国传统文化的神韵，人可以在其中与自然对话，放松身心体味传统禅意（图 8-25，涵碧楼室内传统文化元素）。历经百年沧桑的日月潭涵碧楼，以传统文化元素重塑，成为兼具中国园林雅致意趣的当代酒店建筑，自此掀开崭新的时代华章。

传统元素的继承与再创造根植于对中华民族传统文化的理解，经由对中国传统装饰元素的提取、研究，领悟其中蕴含的中华民族的智慧结晶、精神文明、美学意境等文化内涵；通过研究传统元素

图 8-23 涵碧楼室外水景

图 8-24 涵碧楼起居室景观

的造型，从而对传统元素的形态特征进行概括提炼，即对颜色、样式、材料、结构、装饰等方面分析，对传统元素中图饰、纹样、组织、架构采用借鉴、转译、提取及整合的实践手段，搭配应用先进科技工艺与新型材料，使传统元素在当代设计中继承和发展，借以建立“中国特色”设计的现代化创意模式。

图 8-25 涵碧楼室内传统文化元素